ナナムイの神々を抱いて

宮古・池間と佐良浜の祭祀

加藤久子 著

ボーダーインク

目次／ナナムイの神々を抱いて

〜宮古島・池間と佐良浜の祭祀

第3章　池間の祭祀

第4章　佐良浜の祭祀

第5章　祭祀の継承に向けて

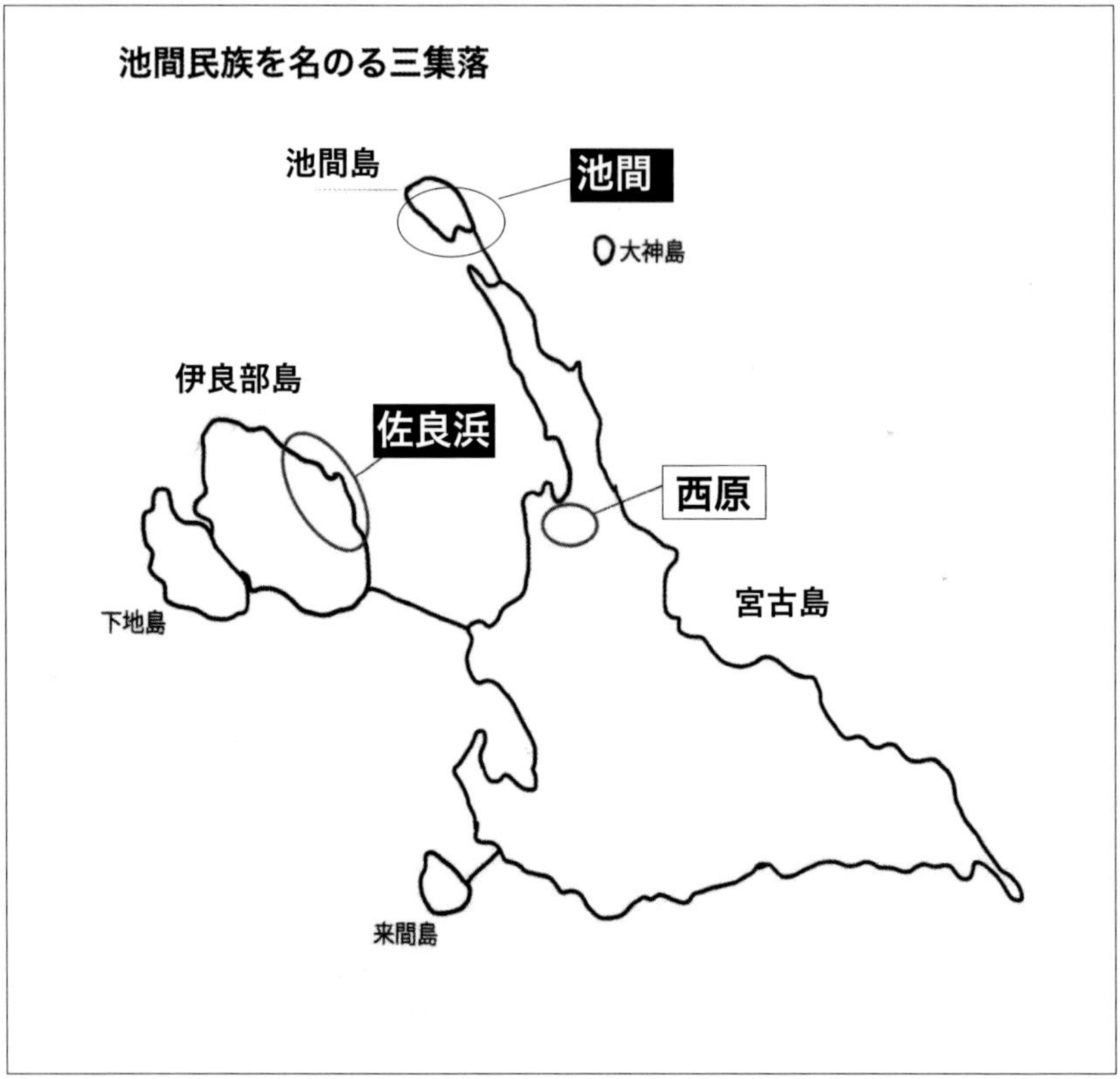
池間民族を名のる三集落
池間島
池間
大神島
伊良部島
佐良浜
西原
宮古島
下地島
来間島

序章
よみがえる祭祀

法政大学沖縄文化研究所創立50周年記念写真展「よみがえる宮古島の祭祀ー池間・佐良浜の神願い」の会場

創立五〇周年の写真展—池間と佐良浜

東京都千代田区市ヶ谷の法政大学外濠校舎のミュージアム・サテライトには、五二枚の写真パネルが展示されていた。隣接する教室で授業を受ける学生たちが生まれる以前に執り行われていた宮古島市池間と佐良浜の祭祀が、時空を超えて再現されていた。二〇二二年五月一三日から八月二六日まで、法政大学沖縄文化研究所創立五〇周年記念企画展の一つとして展示された写真展「よみがえる宮古島の祭祀—池間・佐良浜の神願い」は、私が一九八五年から九〇年代に撮影したものだ。私にとって調査現場を撮影することは、あくまでもその状況を記録する素材ではあったが、フィルムや紙焼きには、現在では見ることのできない祭祀の数々が映し出されていた。

カツオ漁の衰退と離島を結ぶ大橋の開通により（池間大橋一九九二年、伊良部大橋二〇一五年）、島の女性たちは島外へ働きに出るようになり、ツカサンマ（女性神役）の辞退者が続き、祭祀の継続が不可能になっているのが現状だ。しかし池間と佐良浜集落の住民は神役の選出と集落の伝統的な祭祀をあきらめたわけではない。現に池間では二〇二一年末、六年ぶりにツカサンマが誕生し、地元各紙をにぎわせた。神役五人のうち三役（フズカサンマ、アーグシャー、ナカンマ）ではあるが、ツカサンマ経験者の助けを借りながら模索の道をたどり始めている。

私が民俗学調査の機会を得て、池間島をはじめて訪れたのは一九八五年八月末のことである。その前年から沖縄本島の糸満漁民の調査を始めた時期であった。潜水による大型網漁法を生み出し、南西諸島各地に分村を形成した沖縄を代表する「糸満ウミンチュ」と対比する対象として、先島の池間島を選んだのがきっかけだった。池間の漁民もまた「池間海人《いきまいんしゃ》」と呼称される。

弓状に連なる琉球諸島のほぼ中間に宮古島、大神島、来間島、伊良部島、下地島、多良間島、水納島、池間島の八つの宮古群島が点在する。そのひとつである池間島は宮古島の北西約一・八km。[1] 平坦なサンゴ礁石灰岩からなる面積二・八三km^{2}の周囲は一〇kmに満たない。ガジュマルやブッソウゲがからみつく民家や乾いた白い道がいっそう南の島を印象づける。

南端の池間港から集落に通ずる小道の左手に、こんもりと樹木の茂る森がある。その茂みに向って、サザエやシャコガイが詰まった網袋を頭に載せた干瀬帰りの老婦人が、空いた片手を恭しくささげて通り過ぎる。この日の海からの贈り物に感謝を込めているかのようだ。森の奥にはナナムイ（オハルズ御嶽）があり、島の守護神、男神ウラセリクタメフノ真主（御嶽由来記[2]）を祀る。

明治期以降実施された神社を等級化する社格制度や神社合祀により、一九一八年には御嶽の入口に鳥居が建設され、大主神社と刻印された。それでもいまなお一般には立ち入りは禁止である。島民は年に一度の伝統行事「ミャークヅツ」以外は、足を踏み入れることはできない聖なる空間であることには違いない。

御嶽とは祈りを捧げる祭場である。岡本太郎が著書『沖縄文化論―忘れられた日本』[3]の「〈何もないこと〉の眩暈《めまい》」の章で、「私を最も感動させたものは、意外にも、まったく何の実体も持っていない―といって差支えない、御嶽《うたき》だった」と述べるように、クバ、松、ガジュマルなどの古木が生い茂る森が御嶽の象徴とされる。

カツオ漁とカツオ節加工の女性労働

雨期明けを知らせる季節風、カーチーバイ（夏至南風）が吹き始める六月、カツオ漁の季節を迎える。

一九八五年九月初旬、カツオの島池間島で、私は朝を迎えていた。午前六時、親子ラジオ（有線放送）によって島の暮らしは始まる。イメージソングである『恋のはりみず港』（作詞・大城弘、作曲・高野申）が響き渡る。「船が着く日の港の夜は街もにぎわう三味の音に…」。音楽が止むとその日の神願い行事や冠婚葬祭、自治会、漁協からのアナウンスが始まる。池間親子ラジオ社は、譜久村健さん（一九二五―二〇一〇）によって、一九五五年以来守り続けられた島の重要な地域メディアであった。

カツオ加工に従事する女性たちは、放送される各カツオ加工工場（四企業）の作業日程を知り、所属工場のスケジュールに従って六時半には仕事に就く。

カツオは腐敗度の早い魚である。加工作業もスピードが要求される。

カツオ工場の大手「マル満」では、切り台の上で工場長を中心にして三人の男たちが「生切り」をしている。頭を切り、内臓を取り除き、背皮をはがし、背側（雄節《おぶし》）と腹側（雌節《めぶし》）に切り分ける。一〇キロ大のものは四つ割りにする。生切りされた魚肉は煮かごに並べて「煮熟」作業に移る。約一時間半、釜出ししたカツオは女たちに渡り、「骨抜き」作業に入る。二〇人の手がいっせいに皮、ウロコ、皮下脂肪を取り除き、一本一本骨を抜いていく。骨抜きの終えた段階で、水分を蒸発させ、次は「整形」である。骨を抜いたあとの傷や身割れは、頭や骨に付着した肉をすり身にしたものを使用する。竹のヘラを用いて割れ目や傷に埋め込み形を整えるので、この作業を「モミツケ」ともいう。

　整形工程を終えたものは本格的な焙乾「一番火」「二番火」へ。四日目からは焙炉小屋でマキを焚いて一、二週間かけて焙乾をする。焙乾が終了したら、有線放送で削り女工たちに知らされ、女性たちの「フダ（カツオ節）削り」に移る。多くは主婦なので自宅に持ち帰り作業する。「荒節」の表面に浮き出た脂肪のかたまりや不純物を削り落とし、外形を整える。仕上げの技術が問われる重要な作業だ。商品の価値を決める削りの技術は決して単純なものではなかった。「節自然ノ形状ヲ保持セシメ…美術的ニ」[4]削ることが条件づけられていた。

　カツオ漁が池間の経済的軸とするなら、その軸を精神的に支えるのは、女たちの担う祭祀である。池間の宗教は神願いによる御嶽信仰であり、公的な神事として、ユークイ（豊穣祈願）、マビトゥニガイ（村人の健康願い）、シートゥガンニガイ（学童の健康と学力向上願い）など多くの神願いが行われているが、それらを司るのがツカサンマである。ツカサンマは五人によって構成され、任期は三年である。

　島外へはすべて海上交通に頼るイケマの地名は「いきはての島」の意であるとされる。[5] そのイキハテの島に、全長一四二五キロメートルの池間大橋が開通したのは、一九九二年二月のことであった。

女たちの手漕ぎの舟で豊穣の海へ

大橋が開通する以前の池間島は、宮古島からフェリーや連絡船で通う離島であった。デジタルカメラもまた普及以前で、私は重いフィルムカメラと聞き取り用の録音機などの取材用具を抱えて、池間の桟橋に降り立つのが常だった。

島の民宿「勝連荘」の夜は多くの島人が集って、聞き取りの場ともなった。なかでも島を知り尽くす長老格の前泊徳正さん（一九一〇年生まれ）は常連だった。前泊さんは一九二九年、二〇歳の時にカツオの餌取りとしてボルネオ水産公司に雇われ、イギリス領北ボルネオ（現在のマレーシア連邦サバ州）に渡航した。池間から選ばれた七人の有能な青年のうちの一人だった。[6] その後も南洋群島のトラック、ポナペでもカツオ漁業に従事、池間の漁業史を生きてきた。漁業引退後は、島の歴史や歌謡の聞き取り収集に力を尽くし、郷土史家として地元に名を残した人だ。いつも拝所や地名を書き込んだメモを、私に手渡して下さった。

前川光得自治会長夫妻も忘れ難い存在だった。妻の千代さん（一九二九年生まれ）の日常が女性労働のすべてを示してくれた。周囲から「千代ねえさん」と呼ばれ、ユイ労働（共同労働）によるサトウキビ収穫作業から干瀬での漁業まで、楽しそうに語り続ける。なかでも干瀬漁は、千代さんのお気に入りだった。

池間は漁場に恵まれていた。島を囲むようにして付近にはフッビジ、イラビジ、タチャタイ、フナガル、ニグービジなど魚の棲家である干瀬が連なっている。潮のひいた浅瀬は魚やンナ（サザエ）、ニグー（シャコガイ）などの宝庫だ。女たちは干潮時には決まって海にでる。自分たちで櫂を握り、手漕ぎのティンマ舟（伝馬船）やスゥーニ（潮舟）を漕いで出かけていく。

一九八七年二月末のことだった。旧暦の月齢と満潮、干潮を示す潮見表を見定めて、女性たちだけでくりだす干瀬漁に同行することになった。私は当時、漁村調査のためにスイミングスクールに通い、クロールの息継ぎを習得していたので、喜び勇んで競泳用の水着とゴーグルを持参して自治会長宅に急いだ。

そんな私に、千代さんは目を丸くしていさめた。「そんなもので海へは連れて行けんよ。体中火ぶくれになるよ」

千代さんは自前の上下の野良着を取り出すと、まるで人形に着付けをするように私にまとわせ、手ぬぐいで顔を覆い、日よけ帽をかぶせてくれた。出ているのは目だけだ。包帯でぐるぐる巻きにされたような気分だが、着心地は悪くない。干瀬を歩き回るための地下足袋と手袋も準備してくれていた。

干瀬行きのメンバー一〇人に私が加わり、舟に乗り込む。ティンマ舟の持ち主は、親泊文さん（一九一五年生まれ）だ。

池間の島影がぐんぐん小さくなり、大海原に浮かぶ木の葉のような小舟が、哀調帯びた歌謡の旋律と波音がひとつになって、ゆったりと沖に向かって行く。東側前方のフディ岩の灯台と大神島の三方位を交差させる「山当て」で位置を確認しながらこの日の漁場、フッビジに着岸。ひどく長い時間に思えたが、時計をみるとわずか三〇分しかたっていない。女性たちは舟を降りると、水深一メートルほどの「ミジュキ」と呼ばれる浅瀬に入っていく。目を凝らすと表出しない礁原が続いている。サンゴ礁の岩陰でイラウツ（ヒメブダイ）やツン（ミナミクロダイ）、ハラフニャ（アイゴ）などが眠っているので捕獲率が高い。「ンナトゥイガズ」と呼ばれるカギ状の漁具ですばやくかき出す。礁にへばりつき口を開いたシャコガイは、「ガギジャ」の細いカギ部分を貝柱に突き刺し、左右に動かして剥ぎ取る。

女たちは海水が胸まで浸る漁場に降り立ち、私の腰に大きな箱メガネと獲物を入れるアンディー（網袋）を結びつけると、獲物を求めて散っていった。教えられたように、海面に浮かした箱メガネに顔をすっぽりとはめ込んでみる。中腰のからだが浮いて軽々と礁原を歩くことができる。あっという間に三時間がたつ。潮が満ちてくる時間だ。

この日、前川千代さんの収穫は大ダコ二つ、ウニ四キロ、ニグー（シャコガイ）七個、ンナ（サザエ）二〇個、ハラフニャ（アイゴ）七尾、まあまあの収穫だそうだ。「いつ来ても海は楽しいねえ、帰るのが惜しいさあ」と、仲間たちも大きく膨らんだ網袋を頭に載せて帰りの舟に戻ってきた。

島のリズムに包まれて、魚の湧く豊穣の海に生きる女性たちに、私は魅せられていく。

大橋の開通により、宮古島市域の一部地区として島ちゃび（離島苦）からは解放されたが、島の様相はすっかり変わった。海外からの安い輸入品の流入と燃料費の高騰で採算が取れなくなり、二〇〇六年でカツオ漁は終了し、現在は一本釣り主体となった。その漁法は伝統的なエサと糸と石だけの「石巻落とし」と、電動リールによる方法があり、深海のミーバイ（ハタ）やマチ（ハマダイ）などの高級魚が中心となった。

池間の祭祀を継承する佐良浜へ

池間と同じ祭祀が執り行われているという分村、佐良浜への訪問が実現したのは、一九九二年旧暦八月一九日の甲午《きのえうま》（新暦九月一五日）から始まるミャークヅツ（豊作豊漁、子孫繁栄をを祈願し、池間では三日間、佐良浜では四日間行われる伝統行事）だった。当時私は集落のすべてを米軍基地（キャンプ・キンザー）に接収され、現在の宮城六丁目に新たな小湾市街地を築いた沖縄本島浦添市の小湾字誌戦前編調査に参加していた。その調査の前後の日程を利用しての宮古行きだった。

この日は小湾調査終了後であったため、取材資料や身の回りの物を自宅へ送付し、翌朝カメラを抱えて那覇空港から午前七時五五分発の南西航空（現在のJTA＝日本トランスオーシャン航空）五〇一便に飛び乗った。

人頭税を起因とする首里王府の離島政策によって、池間から移住させられた佐良浜と西原[7]は祭祀儀礼を共有している。

初日の「アラビ」と翌日の「ンナカヌヒー」の二日間を池間で過ごし、祭祀三日目の「アトヌヒー」の新暦九月一七日、分村・佐良浜へ飛んだ。伊良部大橋開通以前であり、平良港と結んだ定期船を乗り継いだ。ミャークヅツ最後の賑わいをカメラに収め、その日の夕刻、宮古空港発の南西航空〇〇二便一八時二〇分発で帰宅した。一五日間の浦添小湾、池間、佐良浜の強行調査であった。

以来、佐良浜モトムラ（後述）のウフンマ（大母・祭祀の責任者）の譜久島恵子さん（一九四〇年生まれ）と連絡を取る関係が築けたのは幸いだった。小湾調査と調整しながら綿密に日程を組み、「カーニガイ」（井戸の願い）の撮影が実現したのは、一九九三年旧暦二月二七日（新暦三月一九日）だった。前日には午前八時から井戸の清掃があり、私は二日前の三月一七日に那覇空港発、南西航空五〇一便、午前七時三五分発で宮古空港を経て佐良浜に渡った。前もっての佐良浜行きはカーニガイの事前打ち合わせのほかに、伊良部漁協の取材も果たすことができた。

当日の午前六時三〇分、祭祀はナナムイでの「フツアキニガイ」（口開け願い）から始まった。戸外は宮古地方特有の低気圧通過による春先の強風が吹き荒れていた。ナナムイでの願いを終えて、サバウツガー（鯖沖井戸）とアガイヌカー（東の井戸）の願いに向かう両ムラ六人のツカサンマたちに、容赦なく強風が吹き付ける。

簡易水道が開通する一九六六年まで飲料水と洗濯用水として、人びとのくらしを支えた井戸への感謝と水質向上を願う大切な祭祀だ。ツカサンマたちは集落の墓地を抜け、樹木の生い茂る農道を越えて目的地に向かう。その速足《はやあし》に、私は必死で後を追い、シャッターを切る。

夜籠りをする麦の豊作と感謝の祭祀

引き続き三か月後の一九九三年旧暦四月二七日から二八日（新暦の六月一六日から一七日）の二日間、夜籠りのある「ムズビューイウサギ」（麦の収穫と感謝願い）を体験した。二週間の小湾調査を控えて、佐良浜を先行する日程を組んでいた。

ユーグムイ（夜籠り）をするモトムラのウフンマヤー（大母宅）へ直行する。顔なじみなったツカサンマたちは、あたたかく迎えてくださるが、張り詰めた空気に圧倒される。部屋いっぱいにンマダリ（麦の神酒）が、ナナソジャラ（小皿）五八枚と、ウフジャラ（大皿）、ナカジャラ（中皿）に盛りつけられ、深夜の祭祀は最高潮に達する。

カカランマ（神歌を歌い神がかりする神役）が、両の手を合わせると、神々と対話するという佐良浜独自の「オヨシ」を歌い出す。すぐ目の前のカカランマの顔に苦痛のような、法悦とも思える表情が表われると、その声は高く、低く、つぶやきに変わり、体が左右に揺れ出す。「カカランマのオンステージ」と例えられるこれが憑依の様子なのだろうか。約二時間カカランマのオヨシは続いた。

夜籠りが明けたら、ナナムイと各拝所での願いを滞りなくすませ、ウムクトゥマサイ（知恵の勝り）を得て祭祀は終了する。神酒の甕と供え物のすべてが両ムラのウフンマ宅に届けられ、祭祀に関わったすべての人に神様からの贈り物として分配され、集落中が豊穣に満たされる。祭祀は終了し、私は宮古空港へ急ぎ、浦添市小湾の仕事場での聞き取りの数日を過ごしたのであった。

池間と佐良浜の祭祀をとおして、神願いによる島人の精神的再生力と地域共同体の紐帯に注目していきたいと思う。

〈注〉

1『池間大橋（補修・補強の取り組み）』二〇一七年三月、沖縄県土木建築部宮古土木事務所。面積は沖縄県『離島関係資料』（二〇一八年一月）「指定離島一覧」二頁。

2『宮古島旧記御嶽由来記』（首里王府の命で編纂された筆写本）旧蔵は東西文化センター（ハワイ）。法政大学沖縄文化研究所複製版所蔵。

3 岡本太郎『沖縄文化論―忘れられた日本』中央公論新社、一九六一年、四〇頁。

4 沖縄県立水産試験場長・立川卓逸「鰹節読本」彙報・第八号、一九四二年。『沖縄県農林水産行政史』第十七巻（水産業資料編1）農林統計協会、一九八三年、七九〇頁。

5 東恩納寛惇「南島風土記」『東恩納寛惇全集7』第一書房、一九八〇年、七〇四頁。

6 望月雅彦『ボルネオに割った沖縄の漁夫と女工』ヤシの実ブックス、二〇〇七年、二三二～二五頁。

7『宮古島在番記』平良市史編さん委員会編『平良市史第三巻資料編1前近代』平良市役所、一九八一年、一二五頁所収。

第1章
移住政策による分村と祭祀の共有

「わが誇り高き池間民族」の碑文が彫られた佐良浜移住記念碑

強制移住と池間民族

宮古島市平良荷川取《にかどり》の海沿いの道に「人頭税石《にんとうぜいせき》」という一四三センチメートルの人型の石が立っている。かつてこの石と同じ背丈になると税を賦課されたと伝えられる石だ。一九三五年に宮古島を訪れた民俗学者・柳田國男が「海南小記」の中で紹介したことから全国に知られたとされる。

その柳田作品の一文には、「宮古の東仲宗根《あがりなかそね》の海際の芝生に、ぽつんと一つ文字の無い石が立ててある。むかし少年を此傍に連れて来て背丈を検し、石より高く為って居たら、人頭税を課し始めたものだと傳へて居る」と記されている。[1] この作品の初出は『朝日新聞』（大正十年三月～五月）とされていることから、新聞掲載によって宮古の人頭税が全国に知られたということであろう。

しかしこの石柱はのちに地元でさまざまな論争がおきた。説明版にも「この伝承は後年『屋敷神』『陽石』『図根点』など多くの説が出されています」と書き添えられている。伝承がどうあれ、人頭割の重税があったことは事実である。琉球王府の支配下で「頭懸《ずがかり》」と呼ばれる定額人頭配賦税制の制度化によって、貢納穀物の確保と人口増加に伴う強制移住対策がおこなわれた歴史は現実に存在したのだ。

なかでも土地の狭い池間島からは幾度となく分村政策と強制移住がはかられ、ここに登場する池間島と佐良浜は、その先駆的形態である。土地の狭い池間島から貢納する粟と不足する食糧の栽培のために舟で渡り、荒蕪地に分村したのが佐良浜集落である。池間島からの最後の強制移住となった西原集落を含めた池間、佐良浜、西原の三村は、いまなお祭祀儀礼を共有し「池間民族」と名のり、精神的紐帯を強めている。

宮古・八重山の税制と過重労働

薩摩の琉球侵略が一六〇九年にあり、琉球国は薩摩藩の支配下におかれた。重税に苦しむ首里王府による負担軽減策として、宮古・八重山などの先島を強固な支配体制に組み入れていくことになる。

薩摩による宮古・八重山を含む検地（慶長検地）は、一六一一年に終了した。その結果宮古の石高が定められた。しかし人頭税制（頭懸制）がしかれる以前の一六三六年までは王府から不定期に役人が派遣され、土地の異動、開墾地、休耕地などを視察し、田畑の生産物を調査して、沖縄本島と同様に「代懸《だいがけ》」によってその年の年貢高を定めていた。[2]

一六一四年から各村に番所が設けられ、番所敷地内には機織屋が設置されていった。一六二八年には宮古の行政区画が整備され、平良間切、下地間切、砂川間切の三間切が誕生し、翌二九年には王府派遣の宮古在番（役人）がおかれた。琉球国の離島統治として、宮古・八重山諸島および久米島には、琉球国の地方政庁として「蔵元」がおかれた。その蔵元の役人を行政管理したのが、王府から派遣された「在番」役人であった。すなわち王府、在番、蔵元（三頭、蔵元役人）、各間切番所（首里大屋子、与人、目差、耕作筆者、杣山筆者）、各村（村人）の統治体制が整えられていった。

一六三六年に宮古の人口調査が行われ、翌三七年から人頭に対して税が付加される「頭懸制（定額人頭配賦税制）」となった。この「頭懸制」がいわゆる「人頭税」と呼び習わされている税制の起源とはいえないことに注意したい。安良城盛昭により人頭税的賦課徴収様式は、古琉球にさかのぼる研究が発表され、[3]この見解が有力とされている。

宮古在番は一六三七年からは二年交代で二人、一六四三年からは三人となり、琉球処分までに約三七〇余名の在番が駐在した。島尻勝太郎は、在番の権限が明確化したのは、三人制になった一六七八年頃だとし、宮古・八重山に限って、この蔵元を政庁とする統治が近世を通じておこなわれたのは、琉球王府にとって「特別の行政区域」であったとする。その理由は遠隔の地のため、王府の直接支配が困難であったことと、特別の歴史をもっていたからだと解説する。[4]

豊見山和行も、宮古・八重山地区は、「琉球国の中でやや特異な性格をもっていた」と指摘する。琉球国の勢力範囲としての版図に組み込まれたのは一六世紀の初頭であり、琉球国内では沖縄島から遠隔の地に位置したことから首里王府を構成する中央士族（首里・那覇・久米・泊系）らの諸領地から除外されていたことを挙げる。[5]つまり、それ以前の首里王府は宮古八重山には緩やかな統治体制がとられていたというのだ。一六二九年に置かれた宮古在番も、「制度混乱」「風俗退廃」「百姓荒怠」など[6]の監視が目的であり、村々を巡検して、村人の風俗や生計を把握して王府へ報告する程度の役目だった。

貢租反布に関して、砂川玄正は薩摩侵攻後から廃藩置県までの宮古の織物の歴史を、大きく分けて三期に区分する。[7]第一期は一六一一年から一六三六年で、琉球王府へ上納した貢租粟の中から宮古の反布が御用布として買い上げられていた時期。第二期は一六三七年から一六五八年で、人頭税制がしかれ反布が貢租の中に組み入れられて、一人につき何程かの定率で反布上納が行われた時期。第三期は一六五九年から一八八三年の分頭税（定額人頭配賦税）制のもと貢租反布の数量が一定となり、正人男女の人口の増減に伴って反布上納の個人負担高にも増減が生じる時期とする。

宮古では琉球処分後も旧慣温存政策がとられたため、第三期は一八八三年まで継続し、加えて一八八四年から分頭税制が廃止される一九〇二年までを四期とすると、この時期は反布模様の種類と数量が特定され、一定不動のものとなったと分析する。人頭税は、一八九三年ごろ新潟県出身の中村十作や農民代表によって廃止運動が起こり、一九〇三年に廃止された。

定額人頭配賦税制（村位《むらぐらい》・人位《ひとぐらい》・年令制）

一六五九年の分頭税（定額人頭配賦税）施行後の宮古は急速に人口が増加、それに伴って一七二五年までには、続々と新しい村が誕生した。ムラ建てした村々は、各間切に組み込まれ、重税が課せられていった。

定額人頭配賦税制は、宮古から王府に納める年貢（粟・反布）の正人《しょうにん》（成員）を一五歳から五〇歳男女と定めた。その上で定額の年貢粟は、田畑の収穫高に応じ村位を上村、中村、下村に分け、年貢上布（反布）は原料の唐苧《からう》（苧麻《ちょま》）栽培敷地の上下を見極めて、上村、中村として村位《むらぐらい》と人位《ひとぐらい》の組合せで納める税制であった。

慶長検地以来の琉球国の税制に関する文書類を集録した『御当国御高並諸上納里積記』[8]の「両先嶋上納之事」の項に、村位、人位、配賦率（賦課率）を以下のように定めている。

「万治二己亥年（一六五九年）（中略）頭懸之致様ハ、村々地方上中下ニ応し、穀ニ上・中・下を付、又布ハ唐苧敷之上中を究て布ニ上中を付、又男女之上・中・下・下々四段ニ差分ケ、石上之村上男女拾四部、位中之村拾弐部、位下之村十部…」ここでいう部とは、定額に対する配賦率（賦課率）のことで、規定の配賦率によって賦課する税制である。

　つまり、定額の年貢粟は収穫高に応じて村位（上村、中村、下村）の三段階に分け、年貢反布の場合は、唐苧栽培の敷地評価基準によって村位（上村、中村）の二段階とし、人位は粟、反布ともに四段階に位付けした。この村位と人位の組み合せにより、定額年貢高の配賦率を二部違いに分けて配賦した。

　しかし人位に関し、以前は役人の見立てによって決めていたが、正徳元辛卯年（一七一一年）より、下々位は一五歳より二〇歳、上位は二一歳より四〇歳まで、中位は四一歳より四五歳まで、下位は四六歳より五〇歳まで、としている。これらを図表化したのが、表1、2、3である。

表１　年令制・定額人頭配賦税制

村位	人位	年令
上村	上人	21 歳～ 40 歳
中村	中人	41 歳～ 45 歳
下村	下人	46 歳～ 50 歳
	下下人	15 歳～ 20 歳

表２　年貢粟の賦課率

人位 / 村位	上人	中人	下人	下々人
上村	14 部	12 部	10 部	4 部
中村	12 部	10 部	8 部	4 部
下村	10 部	8 部	6 部	4 部

表３　年貢反布の賦課率

人位 / 村位	上人	中人	下人	下々人
上村	12 部	10 部	8 部	4 部
中村	10 部	8 部	6 部	4 部

「御当国御高並諸上納里積記」（『那覇市史』資料篇第１巻２、那覇市役所）90 頁より作成

年貢反布と士族・平民

　宮古では薩摩上納品として、宮古上布が指定され、はやくから監督が強化された。これまで各自の家内で上布を製作し貢納していたのを改めて、各村に機織屋が新設され、係役人を置いて、上布の生産及び品質の向上について厳格な監督させるようになった。[9]

　各種反布の賦課方法は白上布、白中布、白下布は士族に賦課し、紺細上布などは平民に賦課した。[10]

白上布《しろじょうふ》（士族の正女）
白中布《しろちゅうふ》（士族の正男女）

白下布《しろげふ》（士族の正男女）
紺細上布《こんさいじょうふ》（平民の正女）
白細上布《しろさいじょうふ》（平民の正女）
白縮布《しろちぢみふ》（平民の正男女）
白木綿布《しろもめんふ》（平民の正男女）

結果的に士族は織り立て容易なもの、平民は織り立ての困難なものを負担することになったが、その負担の不平等をなくすため、年貢粟の差し引きで調整し負担の平等化をはかった。

士族が担当する白上布などは、各家で織らせ、村役人が時々検査を行った。一方、熟練の平民と助手（手叶《ていがねー》）が担当する紺細上布、白細上布、白縮布は、村番所構内の貢布小屋へ毎日通って、村役人の監視の下で織り方に従事した。暑さと暗さの中で長時間労働を強いられ、その過重負担に村人たちは耐える以外なかった。

宮古漁民に課せられた海産物の貢納

宮古では、漁業者に対して特別な税が課せられていた。一八九七年ごろまでウヤイム（公漁）といって、磯漁で得た漁獲物の十分の一は現物で納めることになっていた。

その上、蔵元の役人や地方番所の役人には、特に上質な魚を奉納すべき義務が漁業地に課せられていた。宮古島一円の海岸を漁区として、久松、池間、佐良浜の漁師は泊漁を行い、奉納魚を納めて帰るという慣習が続けられていた。それでも畑作による貢納の税率は一向に改められず、いくら魚を捕っても金銭にはならないので、漁をやめた方が得策だと考えるものが多くなっていったという。[11]

また大井浩太郎も「公漁とは臨時税に相応するもので、どんな時化《しけ》のときでも、宮古各地に出漁して、魚を捕って、蔵元の役人たちのために献上することである。割当量は驚くほどの量で、一五歳から六〇歳までの男子に日々、体長五寸以上の魚を五尾ずつの割り当てである」[12]。それでも穀税が減ぜられることはなかったという。

したがって当時、池間島の庶民の暮らしに関して「納税のために、ただ馬車馬のように一日中働いて、それでやっと納めるという状況だった。希望のない状態であった」と記すのは『仲間屋真小伝《なかまやま》』の著者、森田真弘（一九一二―一九八〇）である。池間島漁業の形成期を担ってきた仲間屋真は、森田の叔父であり、森田自身は占領下で窒息状態の水産行政に関わり、のち琉球農林省水産局長を経て、宝石珊瑚の開拓に着手した人だ。

その人頭税時代を体験した仲間屋真を兄に、森田真弘を甥にもつ吉浜カナスさん（一八九八―一九九二）もまた、池間島の苦しい時代を過ごしてきた一人だった。

人頭税が廃止されたのは、カナスさん五歳の時だった。カナスさんの母や宮古の女たちは、宮古上布を織る施設、ブンミャーで機織りに従事した。ブー（苧麻）、ンミ（績）、ヤー（屋・建物）と呼ばれた暗い織物小屋で強制的に織らされていた記憶は、鮮明に残っている。

平民女性に課せられた貢納布の紺細上布は、人頭税廃止とともに民間自由製造、販売が許可され、一八九七年（明治三〇）頃から寄留商人たちの注目するところとなり、上布仲買商をはじめる者も現れた。[13]その後上布は宮古の重要な産業になっていく。島では原料の苧麻を八重山や沖縄本島より買い受け、おもに若い女性たちがトゥンカラアグの家で夜なべして、ブーを紡ぎ、糸ヤマにかけて原糸に仕上げ、これらの原糸を地バタにかけ、一反を二カ月から三カ月かけて織り上げたものが、[14]カナスさんの娘時代の現金収入となった。

トゥンカラアグとは、[15]一緒に寝泊まりした幼友だちのことだ。池間には、一二歳くらいから結婚年齢に達するまでの期間、「トゥンカラヤー」（娘宿）で共同生活をする慣習があった。昼間は自分の家の畑仕事に従事し、夜になると決まった家に寝泊まりする。手仕事や歌謡を覚える場でもあった。

開墾と新村の創立

一六一一年に一万人に満たなかった宮古の人口は、一六〇〇年代半ばから急激に増加をたどり、一七二九（享保七）年「宮古島人数」は二万四二〇六人となったことが記録に見える。[16]

伊良部村の新村立の移住の過程は順治年間（一六四四～一六四七）以降、人頭税が増税されて、島民の負担が急増したことで、耕地を開発し、人口が過剰になった村落から移民を送り、新村立の必要があった。池間島はサンゴ礁台地からなる面積二・八三平方キロメートル。周囲一〇キロメートルにも満たない耕地の少ない小さな島だ。

①一六八六年―佐和田村を村立する

佐和田村の村立は嵩平村から移住した住民と、伊良部村から移住してきた人びと、国仲村からの移住者を併せて佐和田の新村立ができたとされる。

②一七二〇年―原野に佐那浜（佐良浜の古称）を村立

佐良浜の新村立は、池間島の漁民が、荒蕪地の佐良浜を耕し粟や芋を作り、原番屋に蓄えておき、蓄積されると、船に積み込んで帰島する「出つくり」の方法をとっていた。このことは池間島から「伊良部島に移す」とし、『球陽』にその理由を記している。[17]

一七三七年（尚敬二五）に「大平山池間邑、民居繁衍《はんえん》し、伊良部に移す」池間村は土地が甚だ狭く、人口が増えて耕作しても食するのが困難である。「故に伊良部島に航し」、田畑を耕作して衣食に役立てている。伊良部島は広々した原野で、肥沃な土地と甘泉があり、五穀の栽培に適している。これにより「在番酋長」の要請で国仲の地を選び、池間の民を移した。名づけて国仲邑と呼び、与人一員、目差一員を設けて、村の総理（管理）をさせた」と池間島からの移住推進を記している。

③一七六六年―伊良部村より仲地村を分村、佐和田村より長浜村を分村、池間村より前里村を分村

佐那浜村立より人口が急増し、二千人に達したので、一七六六年には前里村を新たに分村したという記録である。佐良浜では池間村を兄村、前里村を弟村と言い慣わしている。添村（池間添、前里添）になるのは一九〇八年四月の発令による。[18]

一七七一年（乾隆三六）に襲った「地震ひ海浪する」（明和の大津波）で宮古島では二五四八人（男一一四九人、女一三九九人）の死亡者が出て、宮国、新里、砂川、友利の四村は多くの住民を失い、一村を形成できなくなり、土地の多くを失った長浜、前里、佐和田、国仲、仲地の五村から人民を移動し新しく村が設けられた。[19]

御嶽の分祀と新たな墓の建立

御嶽は集落の住民にとって欠かせないものであった。御嶽を中心に神願いや村の共同体が築かれていった。移住した佐良浜はユークイや神願いには、舟に乗って池間島のナナムイまで出かけて祈願しなければならなかった。『伊良部村史』によると、集落の総代たちが協議し

て一八四〇年ごろに池間島から分神し、小さな茅葺に祀られた。

一七六六年の前里村分離に伴い、それまで本村池間島へ舟で渡り諸行事を行っていたが、その不便を解消するために本村、池間島のナナムイ（オハルズ御嶽）の分神を招請したのであった。

しかし葬送の際は死骸を舟にのせて、本村の墓地に葬っていた。ところが暴風や時化のときにあたると、洞窟や岩端に放棄するらしく、散骨が多くみられるとして、一八五五年（咸豊五）、前里与人であった白川氏は、分村の佐那浜（池間村、前里村）の両村に「模合墓」を仕立てることを訓令したのである（『白川氏系図家譜正統』〈写〉[20]）。

新村立という強制移住は大事業だった。当局も強靭に進め、移住者にとっては兄弟親戚との別れ、先祖譲りの田畑、屋敷を放棄しての移住であり、幾多の悲惨な伝承や歌謡が残された。

「島出ぬあやぐ」は、池間島から移住していく女性の胸中を歌ったものとして残されている。訳詞によると「池間から島出があるとの噂は、余所の人のことだとばかり考えていたのに、吾が身の事であろうとは、ああ、お役人様よ、（中略）何をお考えになってか、これほどまでに無常に私を出されるのか」と、その怨念を歌っている。[21]

現在の大主《おおぬし》神社（ナナムイ）は一九六一年、大主神社復旧期成会が結成され、一世帯一ドルずつ拠出し、村内外有志の喜捨も含めて建立されたものだという。[22]

池間島からの最後の強制移住

一八七三年、宮古島、八重山島の「御仕置」の為に、富川親方《うぇーかた》、西原親雲上《ぺーちん》、上里筑登之《ちくどぅん》親雲上《ぺーちん》、屋嘉比筑登之親雲上、糸満筑登之親雲上、高宮筑登之親雲上、比嘉筑登之親雲上、高江州筑登之親雲上、医者の宮城筑登之親雲上の一行が来島した。

この人びとは御検使と呼ばれ、在番、頭の報告や要請によって、行政視察、指導のために来島し、その結果を、規模帳《きもちょう》（宮古と八重山に布達）という形で蔵元に交付するもので、これがその後の宮古と八重山の蔵元行政や、農政の基本となった。富川親方の名をつけてよばれる「富川親方宮古島規模帳」、「同農務規模帳」がそれである。富川親方の規模帳は王府時代の最後の検使となった。西原の新村設立も、この検使の仕事の一端であった。[23] 同年、人口が一八〇〇余人に増加していた池間村からの強制移住対策であった。

池間村から宮古島への移住に関し、「富川親方宮古島規模帳（抄）」に、正男女二九〇人余を差分け、大浦村横武という所へ新村の村立を行ったと具体的に人数を示している。[24] その新村「横武」が後に「西原」となったのである。

さらに具体的な西原村立の過程をみてみよう。「村立ては一八七四年（明治七）で、横武というところに、池間島の七三戸を、移住させて建てた集落である。つづいて伊良部島の佐良浜より一五戸が移住させられている。移住に際しては一戸当たり、屋敷地一反、畑六反、さらに戸主以外の一三歳以上の者には三反の畑があたえられたといわれている。村名は、当初『池枝』としたようだが、当時の検者附役西原親雲上の名をとって改めたともいわれている」[25]。西原村は他の村々と同じく、平良間切に属した。

西原の強制移住を最後に分村政策は終了した。「沖縄県統計概表・明治十三年」[26] によれば、一八八〇年の宮古の村落は以下の通り、三八カ村になっていた。

・下地間切（佐和田村、長浜村、国仲村、伊良部村、仲地村、久貝村、川満村、上地村、州鎌村、与那覇村、来間村、嘉手苅村）。
・平良間切（東仲宗根村、西仲宗根村、荷川取村、西原村、大浦村、島尻村、狩俣村、大神村、池間村、前里村、比嘉村、長間村）。
・砂川間切（下里村、西里村、松原村、宮国村、新里村、砂川村、友利村、保良村、新城村、福里村、野原村）。
・多良間島（仲筋村、塩川村、水納村）。

その後、一九〇八年の町村制施行により間切は村となり、さらに宮古地区市町村合併により二〇〇五年一〇月に宮古島市が誕生、旧平良市に属した池間島は平良字池間と平良字前里に、宮古島の西原は平良字西原となった。旧伊良部町に属した佐良浜は伊良部字池間添と伊良部字前里添となった。

以上にみるように、「池間」「佐良浜」は現在の行政区ではなく、総称であると同時に、池間からの分村である佐良浜、西原の三集落が「われら池間民族」と称し、祭祀を共有する地域名として残り続けている。

〈注〉

1『定本　柳田國男集』第一巻、筑摩書房、一九六三年、二八二〜二八三頁。
2 砂川玄正「近世宮古の税制に関わる覚書」『平良市総合博物館紀要』第九号、二〇〇四、一頁
3 安良城盛昭『新・沖縄史論』沖縄タイムス社、一九八〇年、八〜一八頁。
4 島尻勝太郎「第二章　統治機構の整備」『平良市史』（第一巻　通史編1）平良市役所、一九七九年、一四四〜一四九頁
5 豊見山和行「首里王府の宮古統治」第三編 第一章『みやこの歴史』（宮古市史 第一巻 通史編）宮古島市教育委員会、二〇一二年、一一四頁。
6 島尻勝太郎「与世山親方宮古島規模帳（解題）」『平良市史』（第三巻　資料編1前近代』平良市役所、一九八一年、六〇八頁。
7 砂川玄正「分頭税（定額人頭配賦税）制度下の貢租反布」『平良市総合博物館紀要』六号、一九九九年、一頁。
8「御当国御並諸上納里積記」「二二、両先嶋上納之事」九〇頁。『那覇市史』（資料編　第1巻の2）那覇市役所、一九七〇年。

9『伊良部村史』伊良部村役場、一九七五年、一〇四頁。
10 前掲、砂川玄正「分党税（定額人頭配賦税）制度下の貢租反布」『平良市総合博物館紀要』六号、三頁。及び「近世宮古の税制に関わる覚書」『同紀要』第九号、二〇〇四年、一九〜二一頁。及び「定額人頭配賦税制度下の年貢粟・年貢反布」『近世琉球の租税制度と人頭税』日本経済評論社、二〇〇三年、一六六頁。
11 前掲『伊良部村史』一二八頁。
12 大井浩太郎『池間嶋史誌』池間島史誌発刊委員会、一九八四年、七一頁。
13 前掲『平良市史』（第一巻　通史編1）三六九頁。
14 琉球政府文化財保護委員会編『沖縄の民俗資料』第1集、一九七〇年、二〇五頁。
15『南琉球宮古語　池間方言辞典』国立国語研究所、二〇一二年、二二六頁、「とぅんから」「とぅんからあぐ」。右14の引用文献や『沖縄文化史辞典』では「とぅんがらあぐ」と記載されているが、池間では濁音はつかない。

16「八重山島年来記」『沖縄県史料』（前近代1　首里王府仕置）沖縄県教育委員会、一九八一年、二九五頁。
17 球陽研究会編『球陽　読み下し編』沖縄文化資料集成5、角川書店、一九七四年、三三一頁。
18 前掲『伊良部村史』一〇九〜一一〇頁。

19 前掲『球陽　読み下し』三七六～三七八頁。
20 「白川氏系図家譜正統」（写）（大根間）『平良市史』（第三巻　資料編1　前近代）平良市役所、一九八一年、一九九～二〇〇頁。
21 前掲、『伊良部村史』一一一～一一二頁。
22 同右『伊良部村史』一二九二頁。
23 『平良市史』（第二巻　通史編Ⅱ・戦後編）「第七節　西原」、平良市役所、一九八一年、四八三～四八四頁。
24 「富川親方宮古島規模帳（抄）」『沖縄県史料』（前近代6　首里王府仕置2）、沖縄県教育委員会、一九八九年、三九一頁。
25 『平良市史』（第七巻　資料編5）「西原」平良市教育委員会、一九八七年、一九頁
25 明治十三年沖縄県統計概表」沖縄県、国立国会図書館デジタルコレクション。及び「明治一三年沖縄県統計資料資料概表」『沖縄県史』（第20巻　資料編10　沖縄県統計集成）琉球政府、一九六七年、付録「宮古島」五八～六一頁。

第 2 章

祭祀と労働の旧暦ものがたり

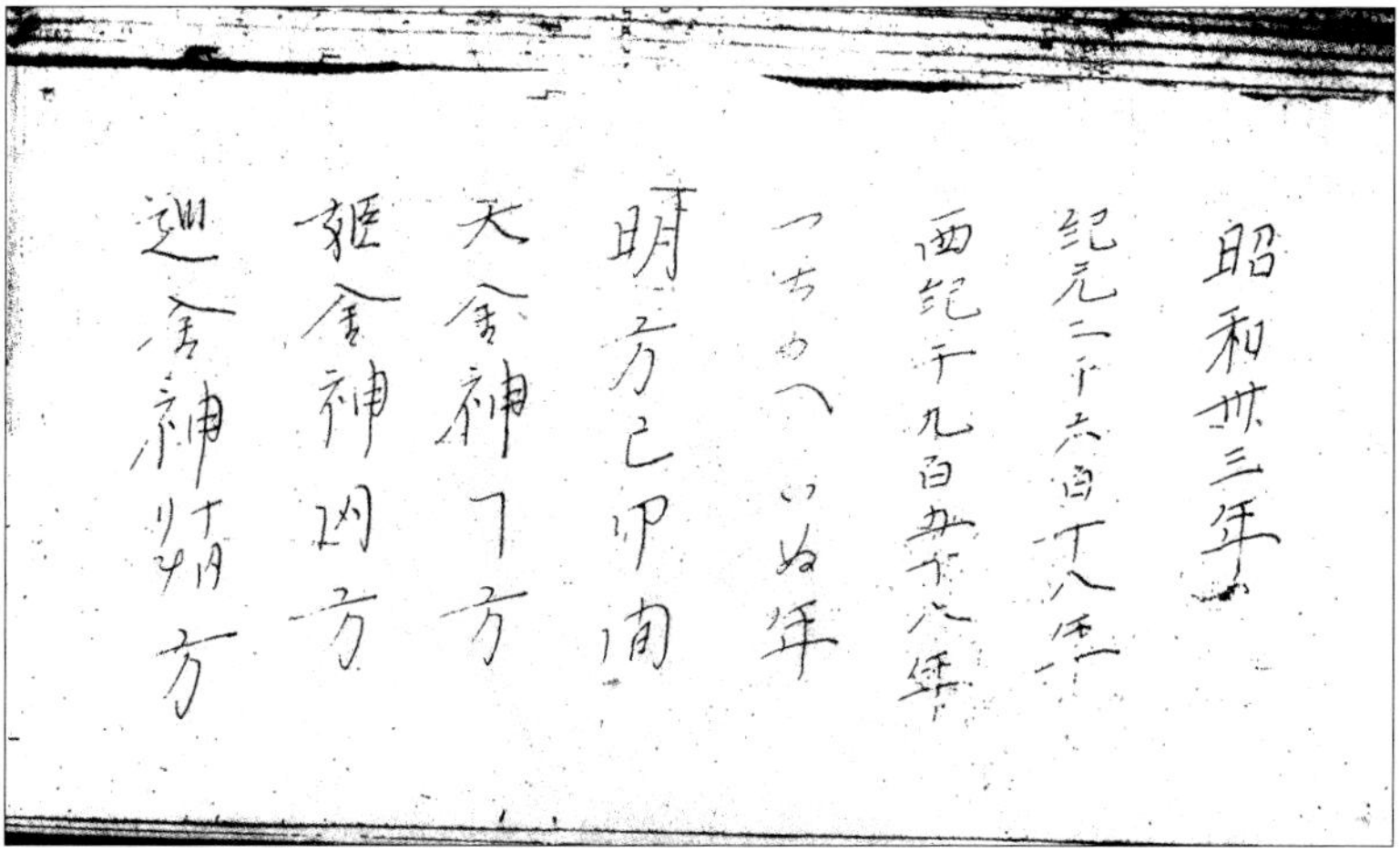

昭和 33 年の「砂川暦」表紙〔法政大学沖縄文化研究所所蔵マイクロフィルム〕

一、沖縄の旧暦とくらし

改暦と琉球処分

日本は幕末まで古代中国から伝わった旧暦（太陰太陽暦[1]）を使っていた。月の満ち欠けを基にして太陽の運行を加えた旧暦は、自然と一体化し、農業やくらしの指針となって長年慣れ親しまれてきた。

ところが、一八七二年（明治五）一一月九日、新政府は西洋化に向けて改暦を布告した。つまり、これまで日本で使用していた太陰太陽暦を、ヨーロッパを中心に多くの国で採用されていた太陽暦（グレゴリオ歴）に変更するというものだった。新暦を公用暦にすることは、明治政府にとって欧米化対策と同時に国家統一の悲願でもあった。

改暦によりいきなり明治五年一二月三日が、明治六年一月一日となり、二七日間という空白の日数を生んだ。旧暦を目安に行っていた農作業の時期が把握できないなど、世間は騒然とした。

唐突な新暦導入は、明治政府の行きづまった財政状況にあったことが指摘されている。当時財政の責任者であった大蔵重信（大蔵省事務総裁参議）の回顧録『大隈伯昔日譚』[2]に、改暦にいたる決意が語られている。大隈は一年一二カ月の太陽歴に移行すれば、明治五年の一二月分と同六年の閏月《うるうづき》分の官吏給料を節約することにより、財源不足を補う好材料と考えた。「財政の困難を救はんには、断然暦制を変更するの外なし」[3]と決意を述べている。

この改暦導入の方法に対して苦言を呈したのは福沢諭吉であった。太陰暦と太陽暦の違いを分かりやすく解説し、刊行された『改暦弁』[4]は話題を呼んだ。巻頭部の「太陽暦と太陰暦との弁別」には、「此度大陰暦を止《やめ》て大陽暦となし、明治五年十二月三日を明治六年一月一日と定めたるは、一年俄《にわか》に二十七日の相違にて、世間にこれを怪《あやし》む者も多からんと思ひ、西洋の書を調《しらべ》て、彼の國に行はるゝ大陽暦と古來支那《から》、日本等に用《もちゆ》る大陰暦との相違を示すこと左の如し」と述べ、その内容は新暦、旧暦を比較し、曜日や月の英語名、太陽と地球の図、時計の図などイラスト付きで記されている。福沢は最後に、改暦の必要性を説明し、改暦を支持しつつ、新しい考え方と生き方を説いたものだった。内容の分かりやすさに、『改暦弁』は増刷を重ねベストセラーとなった。

改暦に関してなんの説明もなく、布告と詔書を一方的に下した政府のやり方に不満をいだいての執筆となったと記す福沢は、折しも琉球処分に赴く直前の日本の内務官僚・松田道之に対しても書簡を送付している（「明治一二年三月四日付」）。

それは松田が日本政府の命令に従わない琉球藩王尚泰に「廃藩置県」を通達し、「琉球処分」を断行すべく、警官一六〇名、熊本鎮台分遣隊四〇〇人の武装兵力をもって首里城へ向かった一九八七年三月二七日の直前のことだった。

松田道之宛の書簡の中で福沢は、琉球にとって廃藩は士族の仰天はいかばかりであろうかとし、強圧的なやり方ではなく、筆と口を使って説諭することの大切さを伝えている。[5] そこで触れたのが『改暦弁』だった。「（改暦布告は）、ただ一片の詔で教え諭す文章はなかった。あまりにもがまんできなかったので、自分は私的に改暦弁という小冊子を出版して、わずかの間に一〇万部ばかり国内に広まり、この出版によって少々行政を都合よく助けたと、今でも私に自負の気持ちがある」と。

大騒動による改暦ではあったが、現在の日本では西暦（グレゴリオ暦）である新暦が一般化した。しかし沖縄本島や奄美、先島では、旧暦カレンダーがくらしの中に息づいている。一般に用いられるカレンダーや手帳には、旧暦や季節の移ろいを現す二十四節気、潮の満ち引きが表記され、年中行事の多くは旧暦で行われている。年末になると旧暦を組み込んだ沖縄の暦が書店を飾るのも風物詩となっている。

琉球処分と改暦というダブルパンチを受けた沖縄で、日本の暦—新暦の普及が進まなかった理由は何か。歴史学者で暦研究家の岡田芳朗は当時の沖縄の人びとの心が必ずしも一瞬のうちに中央政府の管理下に組み入れられた県治《けんち》にはなかったことを挙げる。[6] 新興日本よりは老大国清国を畏敬してやまなかったとし、「特に旧氏族階級は旧時代への愛着から、密かに時憲書を入手してこれを遵守していた」という。時憲書《じけんしょ》とは中国清朝暦書であり、天文学に基づく暦法である。

占領下の新暦正月推進運動

一九四五年の沖縄戦によって、二七年間にわたるアメリカの統治下にあっても、沖縄の人びとは、伝統的な旧暦にこだわり続けた。琉球政府は一九五六年に新生活運動推進協議会をおき、日常生活を見直し、豊かな生活を築くことを目的に、生活改善運動を推進した。行政当局や教育界による新正（新暦正月）普及運動は戦前戦後をとおして幾度となく繰り広げられた。戦後荒廃した社会情勢の中にあって、社会秩序を整えようとしたものであった。

　宮古島の伊良部村は一九五七年、新生活実践協議会を結成した。実行委員は、議員、教育長、学校長、区長、婦人会長、青年会長によって組織し、協議会長に村長を選んで実践に乗り出した。[7]この協議会の目的は、生活の合理化、科学化を図り、生産性を高め、健全明朗な民主的な生活を確立するということで、次のような実践事項が審議決定されて、実行に移された。

一、新正《しんしょう》一本化運動の推進
一、種行事や会合の簡素化
一、時間生活の実行と集会の時間励行
一、家庭の民主化と家族会議の奨励
一、交通道行法の徹底
一、迷信打破と科学心の敬培
一、環境の美化
一、小さな親切と声かけ運動
一、冠婚葬祭の簡素化
一、遊び場の設置促進

　以上の実践目標を掲げ、運動が展開された。集落の戸主集会や婦人会の集会を開き、委員の代表も出席して趣旨の徹底をはかったので相当の実績を収めた。積極的に推進運動に関わったのは村婦人会であった。

　戦後の社会教育活動の発端は、米軍政府の指示のもとに設立された沖縄諮詢会《おきなわしじゅんかい》（一九四五年八月～四六年三月）に設置された文化部の存在であった。社会教育を担当する部門として、住民に対する広範な教育、文化政策を遂行していった。[8]翌一九四六年に沖縄民政府が設立され、文化部は住民の政治思想の転換、経済生活の安定、社会道徳の高揚、婦人の地位の向上、文化的宗教心の啓蒙を目指し、講演会、討論会映画、紙芝居などを展開してきた。一九四九年八月、文化部に代わって米軍政府直轄の琉球成人教育課が設置され、米軍政府の予算で直接運営されるようになる。成人教育の名のもとに、青年会、婦人会の指導が本格化していった。[9]

戦後の宮古は、行政的には宮古支庁ではじまるが、一九四七年三月二一日、宮古民政府に改称。その後一九五〇年一一月一八日、軍政府令第二二号により、宮古群島政府に改称され、戦後の一時期を政府としての機能をはたしていく。

一九四七年八月一三日に結成した宮古婦人同志会は、一九五二年四月、琉球政府の設立によって、宮古、八重山、奄美が統合され全琉一円の組織となり、全島的な連合組織として結成された沖縄婦人会連合会に加入した。[10]

新生活運動を普及する宣伝カーの巡回、新正月のしおりやポスターの配布などもあり、新生活運動が住民に少しずつ浸透していった。琉球政府文教局の資料によると全琉世帯のうち新正月を実施した世帯は、一九六〇年の八・五%から、翌年には四七%と急増した。[11]

しかし漁業の盛んな地域などでは、現在も旧暦による旧正月を祝っている。宮古島の池間島や分村佐良浜は、旧暦を重んじ、漁船に色鮮やかな大漁旗をたなびかせて盛大に祝っている。その代表的な存在が、沖縄本島最南端にあるウミンチュの島、字糸満だ。漁港では漁船に大漁旗を掲げ、豊漁や航海安全を祈願する旧正月の風景は沖縄を代表する風物詩となっている。

推進された新正月は漁村に限って各地とも拒否し、独自性を守ったのであった。当時の新聞がその様相を伝えている。「行きづまる新正運動　糸満、旧正月が圧倒的?」との見出しで、「糸満町生活改善普及委員会では〝お正月料理〟というパンフレットを作り、町民に配っているが、成果はあまりないと嘆いている。中には『お正月料理のパンフレットは旧正に配布しないと受け取らない』と固くつっぱねるのもいるという。このため同町の新正運動は行きづまり、今年もまた従来どおり旧正でしかできないとこぼしている。…同町の因習がこの新正改善のさまたげになっているのは間違いないようだ」とし、同改善委員会の話として、「もうこの問題は立法化して強制的に新正にさせるほか手はない」との談話をのせている(琉球新報・一九六二年一二月二九日)。[12]

他方、農村は異なる動きを展開した。私が関わった浦添の『小湾字誌』（戦中戦後編）[13]で、婦人会の先鋭的な動きを聞き取りした経験がある。

浦添で最初に一本化したのが小湾であった。各市町村は新正一本化推奨にまっしぐら。各字婦人会長、青年会長、区長、議員が指導班を編成して、各字を推進に回るという熱の入れようだった。小湾では役員会や字民常会で、慎重に審議を重ね、子供の教育や経済面を考慮して新正一本化に歩調を合わせたのだった。

二、古琉球の祭祀経典

『時双紙《ときぞうし》』

日取りや占いに用いられたと伝えられる『時双紙』と呼ばれる琉球国時代に用いられた吉凶占いの書物がある。記載事項は、琉球固有の神代文字《じんだいもじ》（天人文字）として伝えられていた。十干十二支の一七文字と記号で表記された日取りや占い、吉凶に関する内容である。しかし尚敬王時代（一七一三―五二）に、「時双紙」は時よた（トキ・ユタ）の経典で、人を惑わすとして焼き捨てることを命じた。[14]すべて失われたとされていたが、中頭郡中城村（現北中城村）字熱田の小橋川善安家に秘蔵されており、それを鎌倉芳太郎が筆写した写本が沖縄県立博物館・美術館に収蔵されている。しかし『時双紙』の解読には困難が伴い、未解明な部分が多いのが現状だという。[15]
つまり、『時双紙』のトキは、吉凶占い、祭事や祝事の日取りを定める職能者のことで、〈トキ・ユタ〉と同様の概念でとらえられていた。[16]
琉球固有の文字として『時双紙』に記載される文字記号に関する最初の記述とされているのが、『琉球神道記』（一六四八年）とされる。原田禹雄訳注によれば、[17]「昔、この国に天人が下って、文字を教えたことがある。その文字は数百で、その所は中城の近くの里であった。その後は、城間で、悪い日に家を作る人がいた」。天人は怒って、その文字の書籍を半分引き裂いて天に上った。それで月日の選定に残った分で物を占うと正しいのであるとし、次の文字が付されている。
この一七の文字記号の両側には「キノヘ・キノト」「ヒノヘ・ヒノト」と書き添えられた十干と、「ネ、ウシ、トラ」と十二支の振り仮名が付されている。

占書や日取帳など関係資料を分析し、詳細に論じた佐喜真興英は、『時双紙』には一七の記号があり、これらは十二支と五行十干であることを明らかにしている。[18]

『時双紙』を初めとする「祭祀・信仰関係資料」を解説する萩尾俊章は、「一七世紀初頭には琉球に〈文字の書〉があって、占者がこれをもとに家の建立などの日選びをしていたことがみてとれる」と論じている。[19]

さらに萩尾は、佐喜真興英『女人政治考・霊の島々』が言及した鎌倉筆写本『時双紙』と、『琉球神道記』、そして稲村賢敷『琉球諸島における倭寇史跡の研究』で言及した「砂川双紙《うるかぞうし》」の三分野の十干十二支記号を比較した。表1、2は、一目瞭然その共通性とわずかな違いを教えてくれる。

『砂川双紙《うるかぞうし》』

『砂川双紙』は、宮古島南部の砂川村を中心に流布していた。『時双紙』の系統もひくとする『砂川双紙』は、稲村賢敷によって取集されたものなど、沖縄県立図書館、

表1　「時双紙」と関連史料の十二支記号比較表

＊萩尾俊章作成『北中城村史』（第七巻文献資料編）491頁より転載

表2「時双紙」と関連史料の干支記号比較表

沖縄県立博物館・美術館、琉球大学図書館などに収められている。

稲村によれば砂川双紙には六所の系統があるという。[20]

1 前の屋御嶽双紙
2 喜佐真御嶽双紙
3 上比屋御嶽双紙
4 高津間御嶽双紙
5 うぃぬぷや御嶽双紙
6 大川堂御嶽双紙

宮古島の砂川、友利では男の子が生まれると、その子どもの守護神を決める慣習がある。形式的には神くじという方法をとるが、父系の双紙元の御嶽の神名が書き入れられ、本家筋の父系の双紙元を守護神とするという。

双紙元を同じくする家系では、代が変わると前代の双紙を書き写すという慣習が継承されてきた。

日取りを選ぶのに「五行の相性相剋、六十干支図、地《じ》火日《かにち》、天火日《てんかにち》」などの日取りを参考にしたが、その基となっているのは、宮古島の旧城辺町、砂川、友利、旧上野村新里などで古くから使用されてきた「砂川暦」である。[21]

『トウグユミ』（唐暦）と呼ばれる砂川暦

「砂川暦」の起源に関して、砂川双紙には日本陰陽《おんみょう》道《どう》を大成した『金烏玉兎《きんうぎょくと》』に符合することを指摘した稲村賢敷に対して、現地調査を行った暦研究の岡田芳朗は、江戸時代に流行した「大雑書《おおざっしょ》」を参考にしていると指摘。[22] 地元砂川では「ラッショー」と呼ばれ、「ざっしょ」が訛ったものだとする。「大雑書」とは、『日本古典文学大辞典』[23]によれば、「陰陽・暦・天文など人間万端の行為を律する教範の書」であり、長暦、三世相、万年暦などを混合して編集したものから「大雑書」の名称が考えられたとしている。一七五〇年版の『宝暦大雑書《ほうりゃくおおざっしょ》万万載《ばんばんざい》』あたりから陰陽・暦・天文以外の項目が増加したとされる。

岡田によれば、砂川暦は尚王朝の末年頃（本土の幕末維新の頃）、沖縄本島からの流人であった玉那覇、渡嘉敷両氏によって創案された。砂川暦のことを地元では「トウグユミ」（唐暦）と呼んでいる。これは砂川暦が元来、尚王朝の正式の書である「時憲書」を住民の便利を考えて翻案したものであることを物語っていると分析。本島からの流人二人は、すでに本島では禁止焼却されていた時双紙の記号「天人文字」に類似した「砂川文字」を見て、これを砂川暦に採用。暦の入手が困難な明治以前に文字の読めない村民に与えた流人二人の功績は大きいと、岡田は称賛している。

砂川暦の古いものには文字がいっさい使用されず、記号だけで書かれた特色をもつという。「最上段は十干と十二支、その下に赤または黒を使って砂川暦独特の暦註があり、その次の段に二十四節気、最下段は十二直（日々の吉凶を十二支にあてたもの）となっており、仏滅、大安などの六輝（六曜星）の記載はない」[24]としている。

同様に小池淳一の砂川暦調査でも、古老は「トウゴヨミ」と称し、旧暦を市販の高島暦等で確認しながらソウシに記されている天火日、地火日、一粒萬培日《いちりゅうまんばいび》（吉日）、六曜、十二直などの暦注を付け加えて作ることを聞き取りしている。つまり大雑書に源流を発したさまざまな暦の知識をソウシを経由して砂川暦として書かれるようになった。ソウシが超時間的であるのに対して、砂川暦は一年で破棄され、一年ごとの限定されたものだとしている。[25]

砂川暦（昭和三三年）を例に

ここに記載する砂川暦は表紙の記載にあるように昭和三十三年と記された手書きの砂川暦である。[26] 稲村賢敷

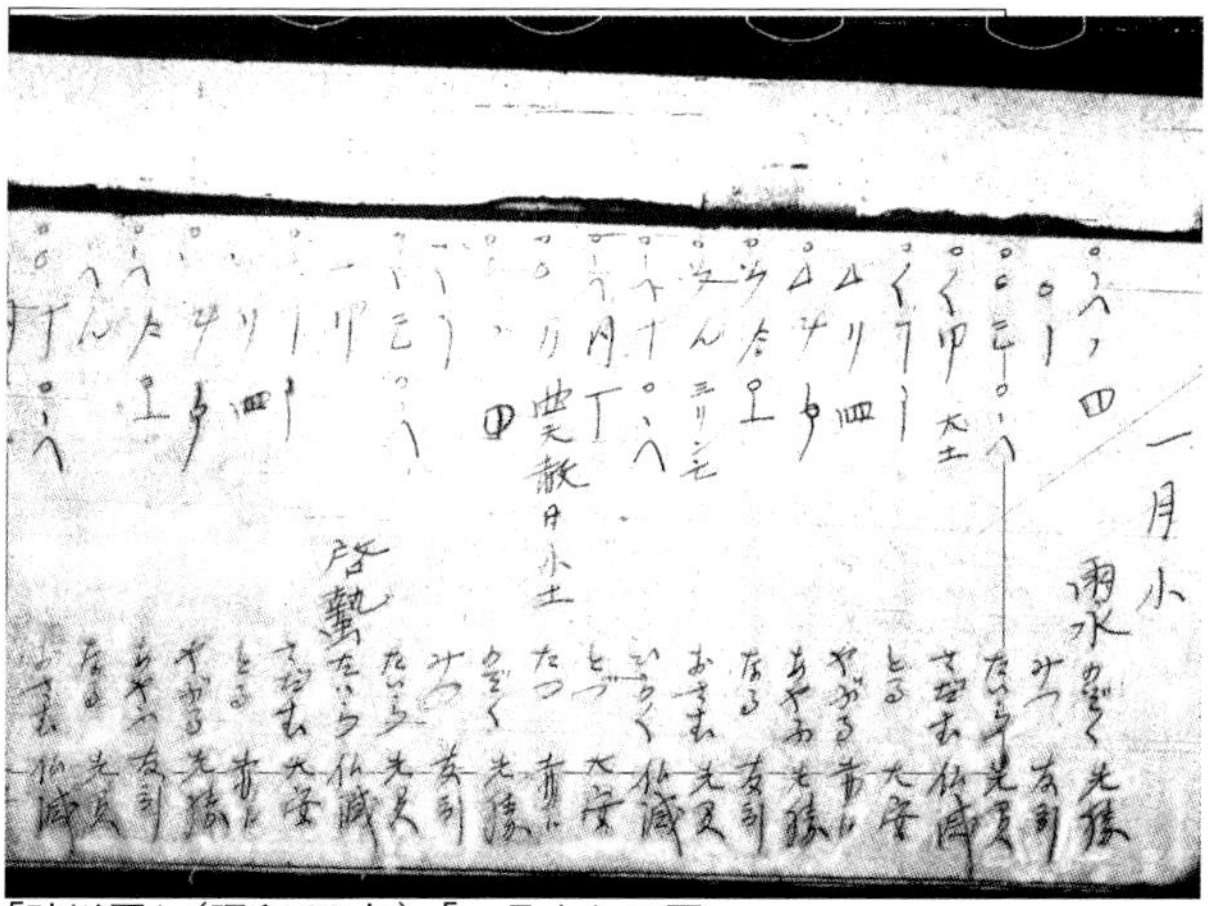

「砂川暦」（昭和 33 年）「一月小」の頁
〔法政大学沖縄文化研究所所蔵マイクロフィルム〕

が解説している昭和四年の砂川暦[27]と、ここに表示する昭和三三年の砂川暦を照合して内容の外観を見てみよう。

一月から一二月の各月には「大」と「小」が表示されている。その意味は稲村も説明していない。

上段に月日の記入はなく、双紙文字による十干十二支と暦註が記入されている。その暦註の記号こそ「砂川暦のもっとも特色のある点」で、厭忌日《えんきび》を示す符号であるという。厭忌日の符号と名称その意義と吉凶を示すのが次表である。

表3　厭忌日の符号と名称その意義と吉凶

符号	名称	意義及吉凶	
⏀	くる日（紅日）	十死日	大凶
○	小くる日		凶日
⊖	ぬす例り日	高島易の滅門日か？	大凶
[illegible]	やぶる日		大凶
○∴	天火日		凶
●∴	地火日		凶
[illegible]	願もどり日	凶会日の事か？	凶
T	血忌日	殺生禁止	凶
i	灸せぬ日	灸を忌む	
⊖	やふさ日		吉
[illegible]	てふが日	種蒔日	吉

稲村賢敷『琉球諸島における倭寇史跡の研究』187頁より転載

表3を参考に読み取ると、昭和三三年の一月だけでも、灸せぬ日（灸を忌む）、てふが日（種蒔日・吉）、やぶる日（大凶）、血忌日（殺生禁止・凶）、願もどり日（凶）などの記号を見ることができる。

中段に雨水、啓蟄など季節の二十四節氣。

下段は上段の日取りに合わせた吉凶を示す十二直[28]（みつ（満）、たいら（平）、さだむ＝ん（定）、とる（執）などをひらがなで配置してある。

最下段は先勝、友引、先負、仏滅、大安、赤口の六輝（六耀星）で日の吉凶を示している（稲村の昭和四年版には六輝の記載はないようだ）。

祭祀と干支五行説

すべての神願いや祝い事は、十干十二支《じっかんじゅうにし》を基準して適当な日が選ばれる。その方法は、古来より伝えられる伝承に従って日取りする。

十干《じっかん》は古代中国で順序を表すために用いられた「甲、乙、丙、丁、戊…」の一〇文字の符号に、「木火土金水」の五つの要素から生み出された五行説が結びつき、さらにこの五つは「兄（え）・弟（と）」に分けられた。

太陽系の天体である水星、金星、火星、木星、土星の五つ惑星の運行は、古代人にとって神秘的なものであった。「五星の運行が地上百般の現象と、何らかの関係があるのではなかろうか、という考えから、神羅万象がすべて五惑星の木、火、土、金、水の精気の消長によって影響されるという思想が生まれてきた」[29]という。この中国古来の五行説に、十干十二支が結びついて干支五行説となった。

その干支五行説は、さらにすべての事物は陰陽《おんよう》からなるという思想と結びつき陰陽五行説となった。つまり天地万物は、陰と陽の両極が相対し生成されて初めて成り立つという中国の古代人の発想が、今日なお生き続けているのだ。十二支の五行説は次の通りである。

表4　十干の読み方と五行陰陽

十干	音読み	五行	陰陽	五行陰陽	訓読み
甲	こう	木	陽（兄）	木の兄	きのえ
乙	おつ		陰（弟）	木の弟	きのと
丙	へい	火	陽（兄）	火の兄	ひのえ
丁	てい		陰（弟）	火の弟	ひのと
戊	ぼ	土	陽（兄）	土の兄	つちのえ
己	き		陰（弟）	土の弟	つちのと
庚	こう	金	陽（兄）	金の兄	かのえ
辛	しん		陰（弟）	金の弟	かのと
壬	じん	水	陽（兄）	水の兄	みずのえ
癸	き		陰（弟）	水の弟	みずのと

表5 十二支と五行

十二支		五行
子	ね	水
丑	うし	土
寅	とら	木
卯	う	木
辰	たつ	土
巳	み	火
午	うま	火
未	ひつじ	土
申	さる	金
酉	とり	金
戌	いぬ	土
亥	い	水

五行説による「相性《そうじょう》」と「相剋《そうこく》」

五行説ではそれぞれの関係を表す「相性」と「相剋」がある。「相性」は相性が良く、無限に循環する関係をいい、「相剋」は相性が悪く、相手を破壊・抑制する関係を意味する。その原理は次のようになる。[30]

●相性（よいこと、味方同士）

木→火（火は木によって生まれる）

火→土（土は火の灰によって生まれる）

土→金（金は土によって生まれる）

金→水（水は金によって生まれる）

水→木（木は水によって生まれる）

表6　六十干支一覧

	六十干支			六十干支	
1	甲子	きのえ・ね	31	甲午	きのえ・うま
2	乙丑	きのと・うし	32	乙未	きのと・ひつじ
3	丙寅	ひのえ・とら	33	丙申	ひのえ・さる
4	丁卯	ひのと・う	34	丁酉	ひのと・とり
5	戊辰	つちのえ・たつ	35	戊戌	つちのえ・いぬ
6	己巳	つちのと・み	36	己亥	つちのと・い
7	庚午	かのえ・うま	37	庚子	かのえ・ね
8	辛未	かのと・ひつじ	38	辛丑	かのと・うし
9	壬申	みずのえ・さる	39	壬寅	みずのえ・とら
10	癸酉	みずのと・とり	40	癸卯	みずのと・う
11	甲戌	きのえ・いぬ	41	甲辰	きのえ・たつ
12	乙亥	きのと・い	42	乙巳	きのと・み
13	丙子	ひのえ・ね	43	丙午	ひのえ・うま
14	丁丑	ひのと・うし	44	丁未	ひのと・ひつじ
15	戊寅	つちのえ・とら	45	戊申	つちのえ・さる
16	己卯	つちのと・う	46	己酉	つちのと・とり
17	庚辰	かのえ・たつ	47	庚戌	かのえ・いぬ
18	辛巳	かのと・み	48	辛亥	かのと・いぬ
19	壬午	みずのえ・うま	49	壬子	みずのえ・ね
20	癸未	みずのと・ひつじ	50	癸丑	みずのと・うし
21	甲申	きのえ・さる	51	甲寅	きのえ・とら
22	乙酉	きのと・とり	52	乙卯	きのと・う
23	丙戌	ひのえ・いぬ	53	丙辰	ひのえ・たつ
24	丁亥	ひのと・い	54	丁巳	ひのと・み
25	戊子	つちのえ・ね	55	戊午	つちのえ・うま
26	己丑	つちのと・うし	56	己未	つちのと・ひつじ
27	庚寅	かのえ・とら	57	庚申	かのえ・さる
28	辛卯	かのと・う	58	辛酉	かのと・とり
29	壬辰	みずのえ・たつ	59	壬戌	みずのえ・いぬ
30	癸巳	みずのと・み	60	癸亥	みずのと・い

六十干支

　十二支と十干を組み合わせることにより六十干支《ろくじっかんし》となり、年や日を表すために用いられた。「甲子（きのえね）、乙丑（きのとうし）、丙寅（ひのえとら）と、六〇の組み合せができる。

●相剋（悪いこと、敵同士）

木↓土（土は木に殺される・土の栄養を吸い取られる）

土↓水（水は土に殺される・土で流れが止まる）

水↓火（火は水で消滅する・水で消される）

火↓金（金は火に殺される・火の力で溶解される）

金↓木（木は金に殺される・金具で伐採される）

　沖縄の島々に伝えられる多様な歴史的暦書が、祭祀の重要な役割を果たし、これらの民俗事象とその形成過程を知ることによって、聖なる祭祀構造が浮かび上がってくる。そして現在もなお、旧暦は神願いとくらしの生活書であり続けているのである。

三、六十干支に従って決める祭祀と日取帳

ヒューイ・トゥイ・ウヤ（日取りを取る親）

宮古島市の池間島には伝統的に日取りを選ぶ専門の男性がいた。「ヒューイ・トゥイ・ウヤ」と呼ばれた。一般的には男性ムヌスー（物知り）であるが、島の歴史に詳しく、ツカサや島の人びとからも信頼される職能者であったという。

二〇一〇年から一二年の三年間をフズカサンマ（大司）として祭祀を担ってきた山口ゆかりさんが依頼したヒューイ・トゥイ・ウヤは、カツオ漁船船長で、現役を退いてからは池間の長老格として漁業を推進してきた伊良波進さん（一九三二―二〇二二）だった。

まず数例の候補日を、ツカサンマが選び、そのうえで最良の日を選定してもらう。二年間のツカサ不在の期間を経て選出された五人組の最高神役となったゆかりさんは、引き継ぎの先輩神役が存在しなかったので、積極的にフズカサンマ経験者を訪ねて教えを乞いながら手探りで執り行ってきた。

山口さんの『ヒューイ帳』には、戦後七代、九代、一〇代の先輩たちが行った祭祀日が記入されている。さらにすでに亡くなった日取り専門家の記録も利用した。「ヒューイ取りのオジイの山城（金福）オジイ」の記録も見える。日取りに関わった山城金福さんのことだ。

たとえば一月に行われる「マビトゥダミニガイ」の場合、庚寅《かのえとら》、庚戌《かのえいぬ》、庚申《かのえさる》と庚（かのえ＝金の兄）の日が登場している。なお、日取りを取る専門家は、居住地に関係があり、山城のオジイと伊良波進さんをふくめて、島の南端に位置する前里発祥の地といわれる「マイバイ」出身の男性と決まっていたという。

「一月と二月の間のカニ・ビューイにマビトゥダミニガイをします」などのメモもみえる。ちなみにカニ・ビューイとは、カニは金、後述の五行説の金（庚《かのえ》、辛《かのと》）を方言で表現している。

さらに「ブンナミ帳」（盆に供え物の並べ方を記した帳面）に記された祭祀日も参考にしながら、山口ゆかりさんは自身の「ヒューイ帳」を記録してきた。たとえば「マビトゥダミニガイ」の日取りは、次のように記されている。

・二〇一〇年（寅）年

新暦三月一一日、旧暦一月二六日の庚申《かのえさる》。

・二〇一一年（卯）年

新暦二月二四日、旧暦一月八日の庚戌《かのえいぬ》。

・二〇一二年（辰）年

新暦一月三〇日、旧暦一月八日の庚寅《かのえとら》。

こうした三年間にわたる五〇近い年間祭祀の日取りが、手帳一冊を埋めつくしている。

伝承による「カド」と呼ばれる数字

旧暦を読む場合の月干支の原則は、子《ね》からではなく、一月の寅《とら》から数え始める。

表7　月干支

十二支		月
子	ね	11月
丑	うし	12月
寅	とら	1月
卯	う	2月
辰	たつ	3月
巳	み	4月
午	うま	5月
未	ひつじ	6月
申	さる	7月
酉	とり	8月
戌	いぬ	9月
亥	い	10月

日取りには、伝承による「カド」と呼ばれる数字が当てはめられる。佐良浜のカカランマ経験者、長崎国枝さんの日取り帳には、神願いに見合うカドの数字は「3、4、9、11」と記入され、個人の願いの場合は「4、7、9、10、11」と記されている。さらに神願いに適当ではないカド数（悪いカド）として「6、8、10」としている。どうしてもいいカド数でとれない場合は、6、8、10以外のカド数を当てる場合もあるという。

不都合とされる数字にはどんな意味があるのだろうか。除外するカドの伝承はこうだ。

〈6カド〉は神様が休む日に当たり、戸を完全に閉められているので日取りには適さない。

〈8カド〉は神様が休むマイグス（前の月）なので、ニガイはしない。

〈10カド〉は「タマスツキビ」（魂が抜けた人に神が魂を戻す）日なのだ。その役目のため神は家から出ないのでニガイはできない。

実際の日取りの方法

神願いの場合は、この見合うカドの数字があてはまる月と日付を探し、五行（五行と十干〈木＝甲・乙、火＝丙・丁、土＝戊・己、金＝庚・辛、水＝壬・癸〉）と合わせて日取りを決める。

　実際に佐良浜の年間祭祀表で示した、二〇〇七年旧暦一月のマビトゥダミニガイの日取りの方法をみてみよう。前頁に記したとおり「暦は寅から数える」原則にしたがい、旧暦一月は寅なので、寅の付く日をさがすと、旧暦一月八日が「庚寅《かのえとら》」。この日を起点として1から12（1年分）まで順に付記していき、神願いに見合うカド数字の日をみていく。11番目に一月一八日（庚子）を見つけ出す。金と水で相性がよく、さらに庚は金の兄なので最高の日選りだ。二〇〇七年のマビトゥダミニガイは、旧暦一月一八日（新暦三月七日）に、「カニビューイ」と望ましい日取りができたのだ。

　なおカド数字は12まで見合う日がなければ、また1〜12まで数えていく。

　このように年の初めに行われる重要な神事「マビトゥダミニガイ」は金（庚・辛）の日、「カリウスダミニガイ」は土（戊・己）、「ウフユダミニガイ」は木（甲・乙）の日が最良とされるが、間断なく行われる神事の日取りは、必ずしも最良の日を選択できるとは限らない。第二、第三の良き日を選ぶためにも、カド数字はめやすになるという。

　祭祀が続き、日取りが選びにくい場合は、悪いカド数以外なら相性を見て選択する場合もある。

　こうした暦による神願いの日取り、異界との断絶など、同時進行する変化の要素は、民俗社会が新たな時間の系列に入っていったことを表していると、指摘するのは中鉢良護である。[31]

　「かつて自然の波動に乗りながら、潮が満ちるようにその時が来たことを予感したのに対し、数珠玉のような意味の組み合わせのなかから、今は時が選ばれる。形式の安定性。繰り返し選んでも変わることのない確実性。こうした〈容器〉のなかで、祭祀に流れる時間も少しずつこわばっていった」とする。つまり暦はすべての時間を支配できたわけではない。「暦以前」の伝承の時間も同時に流れ、人々が神と一体化していくことが神願いの使命なのだ。

〈注〉

1 太陰暦の太陰とは月が満ちて欠けるまでを一か月とし、その一二か月を一年とする暦法を太陰暦という。しかしこれだと一年は約三五四日となり季節に合わなくなる。そこで太陰暦の三か年に一か月追加し、その月を閏年（うるう月）として、一年を一三か月にすることで補正したのが太陰太陽暦である。他方新暦といわれる太陽暦は地球が太陽の周りを回る周期（地球の公転運動）にもとづいて作られた暦法である。現在世界各国で採用され「グレゴリオ暦」とも呼ばれる。

2 大隈重信〔述〕円城寺清〔編〕『大隈伯昔日譚』立憲改進党々報局、一八九五年、六〇一～六〇四頁。復刻、日本史籍協会編『大隈伯昔日譚（二）』続日本史籍協会叢書、東京大学出版会、一九八一年。初版と同頁。

3 同右、六〇二頁。

4 『福沢諭吉選集　第二巻』岩波書店、一九八一年、二〇二～二〇八頁。福沢諭吉『改暦辨』慶応義塾版、一八七三年（明治6年）。

5 同右『福沢諭吉選集　第一三巻』一八三～一八五頁。

6 岡田芳朗『日本の暦』木耳社、一九七二年、三〇〇頁。

7 『地方自治七周年記念誌』沖縄市町村長会、一九五五年、「社会教育の現況」三〇九～三一〇頁。

8 『沖縄社会教育史料（第三集）・証言』戦後沖縄社会教育研究会、一九七九年、七八頁。

9 『地方自治七周年記念誌』三一〇頁。及び、比嘉佑典『沖縄の婦人会―その歴史と展開』ひるぎ社、一九九二年、三六頁

10 前掲『地方自治七周年記念誌』三一〇頁。及、比嘉佑典『沖縄の婦人会―その歴史と展開』ひるぎ社、一九九二年、三六頁

11 「新正月実施運動について『社会教育研究発表資料　一九六一年度以降　中部連合く教育委員会事務局』（0000139509）沖縄県公文書館ＨＰ〈あの日の沖縄〉より。

12 糸満市史編集室による新聞集成資料による。

13 加藤久子「小湾婦人会」『小湾字誌』〈戦中・戦後編〉小湾字誌編集委員会、二〇〇八年、四二六～四三九頁。

14 球陽研究会編『球陽』（沖縄文化史料集成5）「読み下し編」角川書店、一九七四年、二七七頁。

15 萩尾俊章「第三章第五節　祭祀・信仰関係資料」『北中城村史』（第七巻・文献資料編）北中城村役場、二〇一二年、四八六頁。

16 比嘉政夫「トキ双紙」『沖縄大百科事典』（中）、沖縄タイムス社、一九八三年、九二四頁。

17 『琉球神道記』弁連社袋中著、原田禹雄訳注、榕樹書林、二〇〇一年、二五五頁。

18 佐喜真興英『女人政治考・霊の島々』〈佐喜真興英全集〉、新泉社、一九八二年、四一八頁。
19 萩尾俊章、前掲『北中城村史』第七巻、四八八頁。
20 稲村賢敷『琉球諸島における倭寇史跡の研究』吉川弘文館、一九五七年、一一四～一三〇頁。
21 同右、一〇二～一〇三頁。及び一五一～一九一頁。
22 岡田芳朗「宮古島『砂川暦』の研究」『沖縄文化』第三巻第一五号、沖縄文化協会、一九六四年、一～九頁
23 『日本古典文学大辞典』（第一巻）「大雑書」の項（花咲一男）、岩波書店、一九八三年
24 岡田芳朗、前掲『日本の暦』三一二～三一五頁。本書では「トウグユミ」、注22の現地調査報告では「トーグユミ」と記載されている。
27 小池淳一「書くことと祠こと―沖縄宮古島のソウシ―」『民族學研究』第六五巻第四号、日本民族学会、二〇〇一年、三六八～三七〇頁。
28 法政大学沖縄文化研究所所蔵マイクロフィルム〈RYUKYUAN HISTORICAL DOCUMENTS MICROFILMING PROJECT 1962 EAST-WEST CENTER UNIVRESITY OF HAWAII　FILM NO.180 thru 200〉。
29 前掲、稲村賢敷『琉球諸島における倭寇史跡の研究』一八四～一八七頁。
30 「十二直」は歴注の一つで直には当たるという意味があり、よく当たる歴注とされている。十二直は建、徐、満、平、定、執、破、危、成、納・収、開、閉の文字で表している。
29 渡邊敏夫『暦（こよみ）入門―暦のすべて』雄山閣出版、一九九四年、一五三頁。
30 東洋易学学会総本部編纂『沖縄琉球暦』二〇一〇年、沖縄本部出版、一二～一三頁。及び同右、渡辺敏夫『暦（こよみ）入門―暦のすべて』一五三～一五五頁。
31 中鉢護「王府の暦をめぐる諸問題」『沖縄文化』二八―一、沖縄文化研究所、一九九三年、七三頁。

第3章
池間の祭祀

豊穣を乞うユークイで9ヶ所の拝所をめぐるユークインマたち

変わりゆく集落の景観

宮古群島の一つである池間島は、宮古島の北西約一・八kmに位置する。平坦なサンゴ礁石灰岩からなる面積二・八三km^2[1]、周囲は、一〇kmに満たない低い島である。南東から北西に走る二つの断層崖（丘）があって、地形・土壌環境に適応した水生植物群、隆起サンゴ礁植生などの植物相が見られる。[2]

かすかに風音をたてて陰をつくるガジュマルの大木の下で、漁を引退した老人たちが両膝をかかえてすわっている。いつもの島の表情だ。南端の池間港から集落に通ずる小道の左手に、こんもりと樹木の茂る森がある。

森の奥にはナナムイ（オハルズ御嶽）[3]があり、島の守護神、男神ウラセリクタメフノ真主（御嶽由来記）[4]を祀る。島民は年に一度の祭祀「ミャークヅツ」以外は、ツカサンマ（女性司祭者）の許可がない限り足を踏み入ることはできない聖域である。

かつて平良港からフェリーで約五〇分、海上に浮ぶ小さな離島であった島に、全長一四二五キロメートルの「池間大橋」が開通したのは、一九九二年二月のことであった。平良市域の一部地区として離島苦からは解放されたが、その様相はすっかり変わった。

池間のカツオ創業一〇〇周年を迎えた二〇〇六年、カツオ漁とカツオ節加工は幕を閉じた。その後の島の漁業は一本釣りが中心となった。沖合ではパヤオ（浮魚礁）を利用したカツオ一本釣り漁業、底魚を対象とした深海一本釣り漁業が主体である。二〇二一年の池間島（字池間・字前里）の人口は四九六人（男二七九、女二一七）世帯数三三二。[5] 池間漁協の正組合員は三九人、準組合員六九人である。[6] カツオ漁が栄えていた一九八〇年の国勢調査では、人口一二三五、世帯数四〇五、水産業二〇一六であったことからも漁業の衰退は明らかである。

さらに現代化の潮流の中で、宮古島全域で祭祀の担い手であるツカサンマの不在が続いている。池間でも五人そろってのツカサンマは二〇一二年までで、その後は少数のツカサで変則的に継続され、不在の期間も続いてきた。そんな池間島にニュースが走ったのは二〇二一年末。六年ぶりにツカサンマが誕生したと地元各紙をにぎわせた。神役五人のうち三役（フズカサンマ、アーグシャー、ナカンマ）ではあるが、新人ツカサンマたちは先輩神役から教えを受けながら祭祀継承の模索をはじめている。

私が池間島をはじめて訪れたのは一九八五年八月のことだった。カツオ漁でにぎわい、健康祈願、豊作祈願、大漁祈願、航海安全など絶え間ない神役たちによる祈願によって島民が守られた最後の時代であったといえる。

池間最大の祭祀であるユークイ（豊穣を乞う）やミャークヅツも見聞できた。豚を屠殺して救命を願う個人的な祈願や各カツオ船専属の神事など、いつも島のどこかで祈られていた。ここに報告するのは、そんな時代の池間島の姿である。

大量の水揚げに活気づくカツオ節加工工場（1985年）

神役組織

宮古・八重山の両先島で呼称される「ツカサ＝司」は、沖縄本島やその周辺の島々のノロや根神に当たる。[7] 池間では「ツカサンマ」（ンマは母の意）と呼んでいる。祭祀を司る神役はこのツカサンマによって担われてきた。最高神職はフズカサンマ（大司、ウフンマ＝大母）、アーグを歌うアーグシャー、神事を円滑に運ぶ役目のナカンマ（中母）、ツカサのお供（トモンマ）の姉役のアニンマ、妹役のウトゥガマンマの五人。任期は三年である。

住民の一年は、マビトゥダミニガイ（年頭の住民健康願い）で始まり、新学期のシートゥガンニガイ（学童の学力向上の願い）など島の人びとの平安と健康を願う祈願から、ズユシニガイ（魚寄せ願い）、ウフビューイニガイ（粟の豊作願い）、マミダミニガイ（豆の豊作願い）などの漁業と農業の祈願にいたるまで、代々引き継がれてきた。

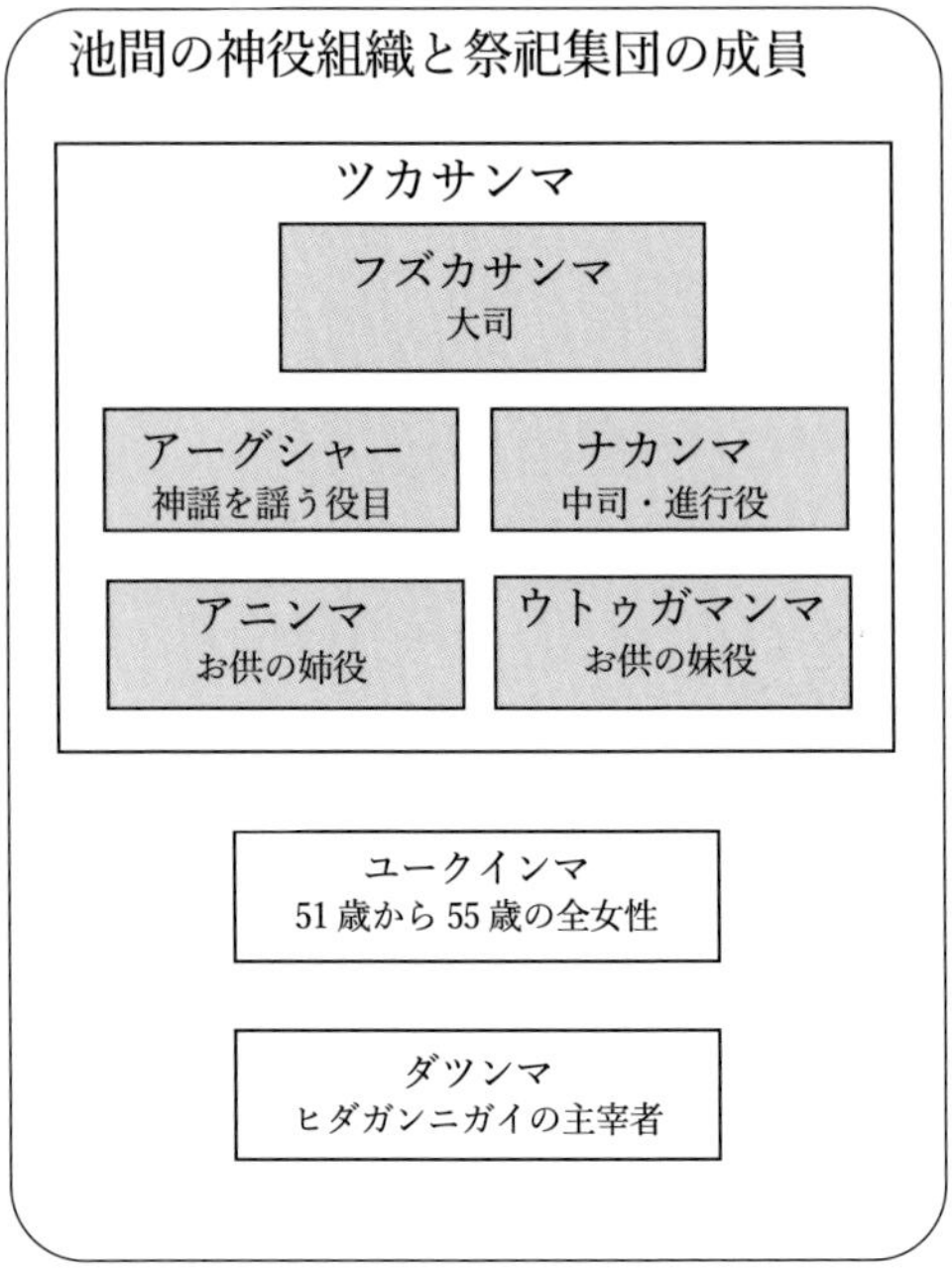

その制度と伝統は古い。琉球国の尚真王時代（一四七七―一五二七）に制定された宗教支配の手段として各地に配置された神女組織にさかのぼる。その下部組織として宮古・八重山では大阿母（ウフアム）が置かれた。宮古の大阿母は一五〇〇年、中山王府が兵を発して八重山を制した「オヤケアカハチの乱」で功績のあった宮古の仲宗根豊見親《なかそねとぅゆみゃ》が、宮古頭職首に任ぜられ、同年王府からその夫人ウツメガが、大阿母に任じられた。宮古大阿母のもと一六の御嶽にツカサが置かれ、池間御嶽（男神ウラセリクタメフノ真王）もそのひとつであった。[8]

ツカサンマの選出は、島に住む五一歳から五五歳のすべての女性が対象となり、「ンマユイ」（母選り）と呼ばれる方法で決められる。御嶽に入り、島内の該当者の名前を書いた紙片を球状に丸めて盆の上に並べ、自治会長がその盆を揺り動かす。丸めた紙片が落ちる。落ちるたびにその名前を記入し、最初に七回落ちた人がフズカサンマ、次にアーグシャー、ナカンマ、アニンマ、ウトゥガマンマの順で決められる。

第一節　池間の祭祀構造と類型概念

一、旧正月と新旧神役交代の願い

旧正月は神願いを担う神役たち同士のコミュニケーションを親密にする大切な一年の幕開けとなる。私が見聞した行事を含め一九八五年の年間祭祀は四七にわたる。なおこの年の年間祭祀の一覧を章末（七五頁）に掲載した。

●一九八五年旧暦一月一日庚寅（新暦二月二〇日）

　正月のニガイブン（願い盆）は、フズカサンマとアーグシャーの盆として一盆にセットする。ウシュービン（酒瓶）を盆の左にフズカサンマのもの、右にアーグシャーのものを縦に二つずつ、ほかに四合瓶、米、塩、盃三つずつを左右に据える。別に「下の三人」（ナカンマ、アニンマ、ウトゥガマンマ）で一盆にセットし、お賽銭として千円を載せる。

供え物の準備を整えるのはナカンマの役割である。先輩ナカンマから受け取ったノートはすべてコピーし、担当年度を記入した表紙をつけて自分用の祭祀帳をつくる。この年の表紙には「ウシヌティドシノ帳」（昭和60年度）と記されている。一九八五年（丑年）に行われる祭祀の供え物と行動が図入りで書き込まれている。

　正月二日に区長宅へ新年のあいさつに行くので、区長が交代した場合は、新旧の「区長さんのブン」を準備して、ウシュービン、盃、米、塩のほか、お菓子も添える。

●バタイユーイ（渡し祝い）

神役たちの新旧交代の儀式も旧正月の大切な神事だ。前出の山口ゆかりさん（戦後一三代目フズカサンマ）の体験によると、以下の経過をたどる。

　ナナムイにはその年インギョウ（隠居）する五人のツカサンマが待っている。新たに選出されたフズカサンマ、アーグシャー、アニンマの三人は、それぞれお菓子、果物などを盛り上げたお膳を持って「アニウフンマのインギョウのウフユーです」とウヤグミ（先輩たち）五人に順番に手渡す。

その後ミャーナカでお祝いのクイチャーを全員で踊り、先輩神役たちを見送る。この儀式の終了後から新神役たちの新たな三年間の務めが始まる。ナカマニー（仲間豊見親の屋敷跡）へ行き、「これから無事に神役としての務めが果たせますように」と願い、決意を誓う。

「すべての願いが終わったら、私たち新米ンマ（ツカサンマ）たちの家を回って旧正月を祝います。それぞれの家でクイチャーも歌って、楽しく祝います。これは三年間続けました」と、山口ゆかりさん。まずフズカサンマの家から始まり、アーグシャー、ナカンマ、アニンマ、ウトゥガマンマの順で回る。これから始まる三年間の結束をかためる慣習だという。

二、祈願成立の伝承

「丑の年」（一九八五年）のツカサンマの祭祀帳の最初に、必ず「ンキャーンドゥユミガニダティタニガイです」か、「マビトゥガニダティタニガイです」のどちらかが記載されている。つまり祈願として根立《にだてぃ》てられ、始められたのが、ンキャーンドゥユミ（昔の嫁＝女性）によるものか、マビトゥ（真人、人びと）によるものかを明記し、心に留めることで、その願いはより深いものになるのだという。ちなみに、ンキャーン（昔）の伝承に関しては、異なる説もある。[9]

一年の始まりは、島のためにすべての健康を願うマビトゥダミニガイに始まり、年間を通して願うのは豊漁願いだ。ウフユダミニガイ（豊穣祈願）などのあらゆる作物の豊作を祈願し、さらにカサンバン（重ねて）ニガイとして、新たに日取りを取って祈願する。粟の豊作を願い、取入れ前にさらに大豊作を願い、収穫時には感謝の祈願をする。芋の植え付け後には収穫を願い、収穫後は豊作を感謝する。麦、赤豆、黒豆、綿花もそれぞれに収穫と感謝の祈願をする。

最大の祭祀ユークイやミャークヅツは、もちろんンキャーン（昔）から執り行われてきた神事だ。まだ漁業が未発達な時代にはサカナユシ（魚寄せ）を重ねて願う（カサンバン）として行われてきた。古来から伝承されてきた神事を現在も大切に守っている。他方、時代の流れの中で発展してきたカツオ漁の祈願などは、「マビトゥガニダティタニガイ」としてわずかに加えられている。

三、神がかりの歌

ナナムイには「ユーグムイヤー」（夜籠りの家）が敷設されている。しかし、ユークイの時は、新たに「ユークイヤー」の屋根が葺かれ準備される。それ以外の神願いでは、ユーグムイヤーに籠って願いをする。

柳田國男は「籠《こも》る」ということが祭の本体だったとする。[10]つまり酒食をもって神をもてなし、その間一同が御前に対座するのがマツリであり、その神に差し上げた食物を末座で共にたまわるのが直会《なおらい》だと述べる。表に示した四六の年間神事の中で二一夜、ほぼ半数弱も夜を徹してユーグムイ祈願をしているのだ。

ユーグムイの多くは先の「ンキャーンドゥユミガニダティタニガイ」である。年間祭祀表にみるように、二二の神事で夜籠りをし、四神事では二晩籠るので、年間で二六回のユーグムイが行われ、約百日が神事についやされている。多くは粟、麦、綿花などの豊作祈願であり、安全航海と健康願いが加わっている。マビトゥによる祈願は、カツオ漁の最盛期に成立したと思われるヒダガンニガイ、台風防御祈願、漁協のセリ祈願。そして悲しみを新たにする鎮魂の祈願が「セイネンカイバヌニガイ」だ。

一九二一年一〇月、池間青年会場落成式に参加した狩俣地区の一九人が帰りの小型船で遭難死した。[11]以来行われているマビトゥによる祈願である。いずれも時代の変化の過程で成立した祈願であることが理解できる。

私が一九八五年のユークイで出会ったアーグシャーの山城マサヨさんの帳面には、各神願いごとに、自らの務めに関して記録されている。ユーグムイに関しては「ユーグムイスルタビニ、ナカンマに一本ガウヲ三〇本、三回にワケテワタス」と書かれている。ナカンマはその線香の一本に火をつけて香炉に立てる。その線香が燃えつきる寸前に新たな線香に火をつけていく。そして二三本目になった時に、「カンカカリ、五フダイウタイ、カカル（神がかりする）」と記されている。

カンカカリとは「カンカカリヌアーグ」（神がかりの歌＝九神を崇めるアーグ）をさし、九フダイ〈九題〉で構成されている。この神歌は歴代のアーグシャーだけに秘密裡に伝承されてきたものであり、決して外に漏らしてはならない掟があるという。マサヨさんは、アーグを書き留めている手帳を決して人には見せない。

「歌詞の内容を口外したら、神様が夜も眠らさないといわれているからね、恐ろしいさあ」と語る。しかしそのフダイ（題）と句節の数だけならと、教えてくれた。[12]

九つの神を崇める全フダイは、

①ヤグミティダ（畏れ多き太陽神）全一二八番
②ンマティダ（母なる太陽神）全一一七番
③ナナムイ（七杜の神）全一三〇番
④ナイカニ（御帳主の神）全五九番
⑤バカバウ（生命の神）全七二番
⑥ウイラ（豊漁の神）全六六番
⑦イラウヒャーズ（伊良部島の鍛治の神）全七六番
⑧ウジャキヌス（お酒の神）前四二番
⑨ナッヴァ（世直しの神）前二四番のアーグである。

マサヨさんの「カンカリ五フダイウタイ、カカル」とは、マビトゥダミ願いでは、「カンカカリヌアーグ」を五フダイ（五題）歌って神がかりすることを意味する。

意識することなく、しだいに神霊が乗り移った状態になるという。なぜかその声は時に高く、時につぶやきに似た低音になり、なせるままに神がかり状態になっていく。しかし、神歌の歌詞を完全に身につけていないと、神さまは降りてこないという。また旧暦三月のウカディダミ・ユーグムイ（台風防御の願いの夜籠り）では、「チイサイコエデ、ウタウ」と、注意書きが添えられている。台風の神を刺激しないためだという。

四、動物供犠と悪霊祓い

池間の神願いの中で特徴的なのは、豚を屠殺して神に供える祈願、「ワーガンニガイ」（豚神願い）である。屠殺した豚を神に捧げ、調理して近隣や親族を招いて共食する。費用がかかり神願いの中でもっとも盛大である。この願いには公的な祈願と先に挙げた組合祈願、そして個人的なものがある。

公的なワーガンニガイは、安全航海や大漁を祈願するヒダガンニガイ（浜神願い）と、集落に疫病などの災難を防ぐスマフサラ（島臭ラ）と呼ばれる悪霊祓いである。スマフサラはシマクサラシ、シマクサラー、カンカー、フーチゲーシ、アキバライなど地域によって呼称は異なるが、沖縄全土で行われ、その目的は集落内に徘徊する悪霊を追い払い清めることである。集落の出入り口にあたる境界線で災疫の侵入をさえぎる「道切り」の民俗行事である。

池間には、豚を屠殺し、調理する場所であり祭場でもある「ワーニートゥガイ」（豚を煮る尖った場所）と呼ばれる海岸側の岩場がある。当日の朝はこの岩場で自治会役員たちが豚を調理し、スマフサラの準備を整える。ナナムイで祈願を済ませたツカサンマたちも合流し、調理した豚を小分けにした椀を添えた膳を供え祈願する。

豚を切り分けた皿を準備し、①ヤマクシ、②ティカミ、③ヒャーンツガマ、④イスンミガマ、⑤ティビブラガニーの五か所をめぐり祈願する。

役員たちは調理した豚の骨を綱で縛って、集落の入り口に当たる地点を囲むように骨をさげる。その場所は（①ティカミ、②ヒャーンツガマ、③ムッドゥ

解体された1頭分の豚の骨が供えられる。切り落とした四つ足、鼻、耳、尾の部分が生きた状態と同じように模され、その上にあばら骨を重ね、一番上に肋骨を載せて、豚が仰向けになった体形にかたどる

マイ〈元泊のガソリンスタンド付近〉、④タヌインミ〈田の上の嶺〉、⑤イスンミガマ〈石嶺ガマ〉〉の五か所である。肉は集落の全戸に配られる。

この儀礼は、集落の全女性を対象にしたユークインマたちも参加し、神女たちの集団は、草冠や腰帯をつけ、悪霊祓い用の手草で厄を祓いながら「ヤマグー、イダシバ」(山賊を出せ)と連呼し、集落内を駆け巡る[13]。最後は、ティビブラガニーで草冠や腰帯、手草など厄払いに使用し、悪霊が付着したすべてを海に投げ捨てて終了する。

個人の祈願としては、トゥクヌヌカンニガイ(屋敷神の願い)、ミーティガユーイ(家を作ってから三年目に豚を殺して盛大にお祝いをする)、リュウキュウウサギ(竜宮の神に対する願い)、スウサギニガイ(重病患者が治癒した時)、ンヌッタイウサギ(命の代わりの願い)がある。「ンヌッ」は命、「タイ」は代わりの意で、命の代わりとして豚を捧げて祈願する。溺死体を発見した人、溺死体に触れた人、溺れかかった人を助けた人、海で遭難し、奇跡的に助かった人、フカに襲われて助かった人、命に関わるよ

豚を屠殺して竜宮の神に供え、自殺者を救助した本人とその家族の救命を願うリュウキュウタスキブンニガイが行われた。池間島の儀礼場である水浜広場に供え物が並べられ、夜の海に向かって祈りが捧げられた(1988年)

うな大きい災難にあって助かった人などが出た場合も、ワーガンニガイは欠かせない。[14]

私は一九八八年、個人的な「ワーガンニガイ」に遭遇する機会があった。ここに掲載する写真はその時の救命願いの様子である。

悪霊祓いと幸運の招きは同じ地平線上にあり、供犠は高価な豚をいけにえとして神に捧げ、人間も共食する直《なお》会《らい》によって、神々とつながり、悪霊祓いと豊穣の恩恵をもたらしてくれると、人びとは信じているのである。

五、死者と生者の儀式

葬送に欠かせないのが、豚を屠殺して神々に捧げ、親族や参加者一同で調理した豚を食するダビワー（茶毘豚）である。ダビワー儀礼をしないと地獄に行くといわれ、豚を食べるときにはこれはばあちゃんの骨だとか、じいちゃんの骨だといって食べる。このダビワーの風習の由来について、池間島では、大昔は死人を食べたという伝承が紹介されている。[15] しかし現在、池間島には共食の形態は見当たらない。特徴的なのは、祈願に関わった女性は、茶碗三杯分ほどの大きなおにぎり二個と、豚の煮付け二皿をセットにした持ち帰り用の膳が返礼として準備される。

伊波普猷は広義的に「昔は死人があると、親類縁者が集まって、その肉を食った。後世になって、この風習を改めて、人肉の代わりに豚肉を食ふようになったが、今日でも近い親類のことを真肉親類《マッシシオカエ》といい、遠い親戚のことを脂肪親類《ブトブトーオカエ》という民間伝承がある」[16]と記している。

いずれにしても骨が重要な意味を持つことは事実だ。記録文学作家の上野英信は、廃鉱後の筑豊から出稼ぎにでて遺骨となって帰省した元鉱夫の葬儀に関してこう書く。「形ばかりのささやかな骨噛みがおこなわれた。骨噛みとは、弔いのことをいう筑豊の土語である」[17]。柳田國男もまた備前五島では葬式の日に、喪家でご馳走になることを「骨咬み」、または「骨ヲシャブル」という事例を挙げている。[18]

精神的な意味合いからかつて実際に骨をしゃぶったのは、「死んだ人に敬意を表する、または、死んだ人の形見を自分の身に入れておくことになる」とするのが折口信夫である。喪家のかまどで炊いたものを食べるのは、共食の式を行うことであり、死者と同格になり、離れぬ関係を結ぶこと、死者の魂を自分の体に入れておくことになる」[19]というのである。

池間では葬式の当日か三日目までの間に、ムヌスー（物知り）を呼んで、「カンストゥバカイ」（神と人との分離）という儀式を執り行う。一九八八年に私が出会った奥浜サダさん（当時七五歳）は、神と死者の声を聞き取る能力を持ち、島のブソーズニガイ（不精進の願い）を一手に引き受けていたムヌスーの一人だった。サダさんによると、三日目の段階では、神（あの世）と人（この世）の中間を行き来していて、まだどちらの存在かはっきりしないという。九日目から三カ月はいわば神になる訓練期間とされ、葬式から三カ月（ミッツ）を過ぎると、完全に神になったとされて、「ミツツガカンナイユーイ」（神になった祝い）というお祝いが開かれるのだと、語ってくれたサダさんの説明に、私は心を打たれる思いだった。

高齢者がダビワー儀礼によって手厚く葬られるのに反して、死産の子や一〇日未満で死亡した幼児は「アクマ」「アクマガマ」と呼ばれ、会葬されなかった。そればかりか日没後に衣類や布切れなどにくるまれ、人目を避けて人里離れた地域や西海岸の白砂がまぶしい「アクマを捨てる浜」（アクマッシヒダ）と呼ばれる小洞窟に捨てられた。[20]浜崎の海岸線付近には相当数の洞穴墓が点在する。

また、けがによる事故死者、水死人、自殺者、他村での死者を「キガズン」と呼び、墓に埋葬することは禁じられ、海岸の洞窟に葬られた。集落の人びとは異常死を恐れ忌み嫌い、共同体から徹底的に排除してきたのだった。

「青は死者の色」とする谷川健一は、池間島のキガズンを葬る地、「青籠《あおぐむい》」と呼ばれる場所の洞穴を訪ねている。岸壁の上に茂るアダンの赤褐色の実が熟れていて、「赤く輝くその実を眺めていると、時間のない死者の国に見えてくる」[21]と表現する。

一般の墓は集落の北部に位置し、露天墓、横穴墓、洞穴墓、ティラ墓（フズカサンマ経験者の墓）がおもな形態で、大和墓（軍人墓）と家族墓は戦後のものである。[22]

第二節　ユークイの祭祀構造と秘儀性

一、聖なる宇宙空間

私は一九八五年一〇月一四日（旧暦九月一日）から三日間行われた、池間最大の祭祀であるユークイを取材する幸運に恵まれた。ユーは豊穣、クイは乞うを意味し、豊穣を祈願する祭祀である。

私が出会ったツカサンマは、最高神職のフズカサンマ（新城サヨ・一九三二年生まれ）、アーグ（神歌）をうたうアーグシャー（山城マサヨ〈前出〉・一九三二年生まれ）、共に一九三一年生まれの神事を円滑に運ぶ役目のナカンマ（吉浜良子）、小間使い役を務めるトモンマ（お供）の姉役をアニンマ（姉）（嵩原シズ）、妹役のウトゥガマンマ（糸満照子）であった。五人は一九八三年に就き、三年の任期を終える年を迎えていた。

ユークイには、ツカサンマのほかに、五一から五五歳の池間に住むすべての女性が参加し、「ユークインマ」（ユークイの母）と呼ばれる。

ユークイの起源伝承は、仲間豊見親《なかまとぅゆみゃ》という人物が鹿児島から導入したといわれ、その伝説に従ってツカサンマやユークインマたちが巡拝する始めと終わりに、仲間豊見親の屋敷跡の「ナカマニー」で祈願するのがしきたりだという。[23]

史料的には、一七六七年（乾隆三二）に首里王府の検使として宮古・八重山に派遣された与世山（漢那）親方によってまとめられた『与世山親方規摸帳』に無用の時間と費用を費やすものとして禁止された中に、「九月には世乞といって、惣頭から粟五勺ずつ取り集めてみきを作り祭を行った」（「池間前里村為世乞九月之比惣頭ニ而粟五勺完取合みき作致祭候由不入造作候間可召留事」）の記録が見える。ちなみに二五年後には禁止令は農業の励みにならないとの理由で、祭祀は全面的に認められている。[24]さらに一七二七年に編纂された『雍正旧記』の「平良四ケ村旧式」に「世乞神の事」の記事もあり、[25]四ケ村（下里村、荷河取村、西仲宗根村、東仲宗根村）で「世乞い」が行われたとされ、宮古島のユークイの足跡がうかがえる。

二、祭祀前日

神々が降り立つ御嶽の聖域の儀礼

慣例としてユークイは、例年旧暦九月の甲子《きのえね》か戊子《つちのえね》の日を初日とする。一九八五年旧暦九月一日(丙戌《ひのえいぬ》)、ユークイの準備が始まった。フズカサンマの新城サヨさんは風呂場で水を浴び、塩水で体を清めて、小さな鏡の前で髪を結っていた。白い長襦袢の後ろ姿は凛として美しい。ツカサンマはパーマを禁じられているので、長いストレートの髪を束ね、象徴である鼈甲のカンザシをさした。

すでに待機していたツカサンマたちは、神衣をつけたサヨさんを先頭に、ナカンマ、アーグシャー、アニンマ、ウトゥガマンマの順で、ナナムイへ向かう。

第一の鳥居周辺には、ユークイ行事に参加するユークインマたち一九人がそろってツカサンマたちを迎える。神女たちは全員履き物を脱いで鳥居をくぐる〈写真①〉。コンクリートの参道は一〇〇メートルほど続き、御嶽前の第二の鳥居に着く。ユークインマたちはツカサンマの祈願儀礼が済むまでは入れない。参道右側のサンゴを敷

①祭祀前日　ナナムイへ向かう

フズカサンマを先頭に、第二の鳥居をくぐれば聖なる御嶽だ。明治期以降、神社を等級化する社格制度や神社合祀によって、1918 年に二つの鳥居が建設された

き詰めた場所に集まり、腰を浮かしてかがむタチビー（立ち腰）の姿勢で待つ。

御嶽には神願いの中心となる一四六個の香炉が置かれた「ウドゥヌ」（御殿）と呼ばれる聖域がある。大量の香炉を埋め込むように盛られたフカラハイ（白砂）は、祈願のたびに新しい砂と入れ変える。ウドゥヌ近くには砂の盛山が準備されていて、トモンマの二人が毎月一日と一五日は、集落の重要な地であり、祭祀の場である「ミズハマ」の浜から砂を運んでおくのだ。その香炉は図（六三頁）のようにA区分の二〇個がフズカサンマ担当、B区分がアーグシャーの七三個、C区分の五三個をナカンマが分担する。その聖なるウドゥヌに足を着くことは禁じられている。膝立ちの姿勢で両足先を上げ、左手で上体を支えながら担当の香炉とその周辺の砂を入れ替え右手で整えていく〈写真②〉。そして以下の手順で儀式は進行する。

⑴フーダダマ（喫煙儀礼）

祭祀で欠かせないのがキセル煙草の喫煙儀礼である。

②祭祀前日　ウドゥヌ（御殿）

ウドゥヌには146個の香炉がフカラハイで埋め込まれている。フズカサンマ（20個）、アーグシャー（73個）、ナカンマ（53個）と担当する香炉が決まっている

願いの始めと終わりには必ず「フーダダマ」と称してキセル煙草を吸う。ウトゥガマンマがすでに用意した火種を貝殻の灰皿に入れ、アニンマがまずフズカサンマのところに持っていく。キセルを頭上に捧げ、三回ほど吸ったら頭を垂れて感謝する。

民俗学者、酒井卯作は「ツカサンマが祭りの後半に煙草を吸うのは、神と合一という意味があり、琉球の伝説では、煙草は自然に生えた草で、宗教的な意味をもったところがある[26]」とする。

⑵五四の神々の御香を数える

アーグシャーは、ユークイヤーを建てる位置の「カギビードゥクヌ」（美しい座る場所）で、各三本あてで五四の神々の名を唱えながら数える。ツカサンマの分も含め二〇〇本ほどになる線香の大束を苧麻《ちょま》（宮古上布の麻糸）で結んで、ウトゥガマンマに渡す。ウトゥガマンマはその線香の束に火をつけ、アニンマに渡す。アニンマから受け取ったフズカサンマは煙立つ線香の束を香炉に立てて、願いの目的を述べる〈写真③〉。

③祭祀前日　祈るフズカサンマ

アーグシャーが54の神々の名をヨミ、数えた御香（線香）の束に火がつけられ、御嶽は煙に包まれる。明日から始まる御香炉で祈るフズカサンマ

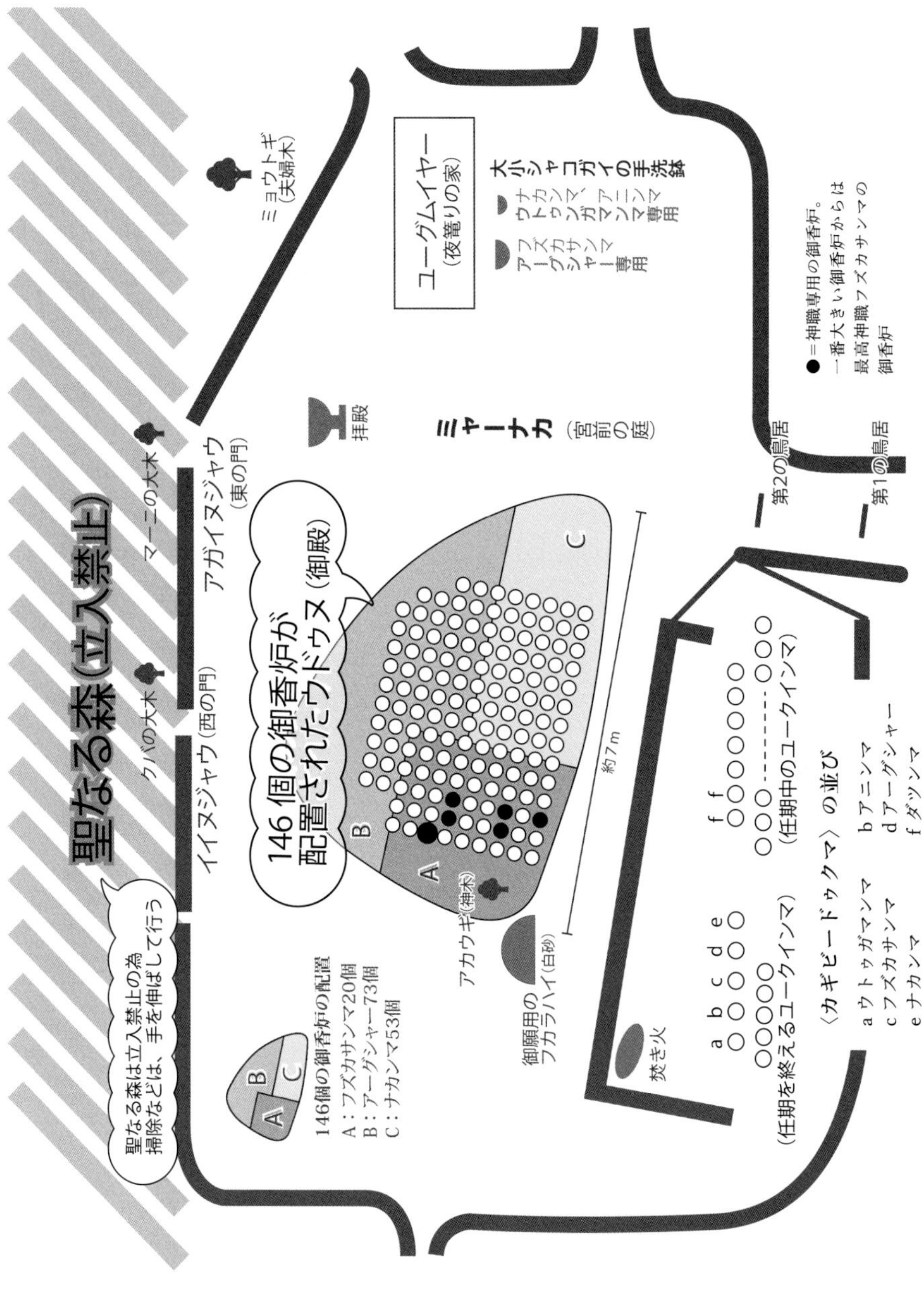
聖なる森（立入禁止）
聖なる森は立入禁止の為
掃除などは、手を伸ばして行う
クバの大木
マーニの大木
イイヌジャウ（西の門）
アガイヌジャウ（東の門）
ミョウトギ（夫婦木）
146個の御香炉が
配置されたウドゥヌ（御殿）
ユーグムイヤー（夜篭りの家）
大小シャコガイの手洗鉢
ナカンマ、アニンマ
ウトゥガマンマ専用
フズカサンマ、
アーグシャー専用
拝殿
ミャーナカ（宮前の庭）
●＝神職専用の御香炉。
一番大きい御香炉からは
最高神職フズカサンマの
御香炉
第2の鳥居
第1の鳥居
約7m
A
B
C
アカウキ（神木）
御願用の
フカラバイ（白砂）
焚き火
146個の御香炉の配置
A：フズカサンマ20個
B：アーグシャー73個
C：ナカンマ53個
a b c d e
（任期を終えるユークインマ）
f f
（任期中のユークインマ）
〈カギビードゥクマ〉の並び
a ウトゥガマンマ　b アニンマ
c フズカサンマ　d アーグシャー
e ナカンマ　f ダツンマ

次にミャーナカ（宮前の庭・図参照）に持参した酒二合、盃、米、塩を供えて、フズカサンマから順にその盃を受け、「ユークイを迎えますので、これからフヤーフキ（小屋葺き）の作業にとりかかります」と願う。

(3)魔除けの杖と夜籠り小屋を造る

フズカサンマはナカンマを連れて聖なる森の奥に分け入る。巡拝の際にフズカサンマが悪霊を振り払うために使用する杖の材料、ハナキャーギと呼ばれる一本の樹木を探し当てる。根元から切り落としても、翌年には必ず同じ丈に伸びているという聖木である。ナカンマは樹皮を剥いて杖を作り、フカラハイ（白砂）の左端にある神が降り立つといわれる神木に立てかけておく〈写真④〉。

島の男たちも手伝いに集まってくる。フズカサンマの新城さんはその中の男性一人を連れて森に入り、ユークイヤーを建てるための木材を選ぶ。「これは縦木用、これは横木用」と小屋造りに必要な木材をカマで印をつけると、男性が伐採する。フズカサンマが選んだもの以外、勝手に切ることは許されない。常設されたコンクリート

④祭祀前日　フズカサンマの杖

巡拝の際にフズカサンマが使用する杖は、ハナキャーギと呼ばれる木の樹皮を剥いで作られる。神が降り立つといわれる神木に杖を立てかけるナカンマ

の骨組小屋は、伐採された木材と各家庭から提供されたススキの葉で覆われ、またたく間にユークイヤーができあがっていく。

御嶽周辺の茂った樹木は、アーグシャーが「タビハイ」(旅栄え)の神歌をうたいながら、ユークインマたちを導き、張り出した枝を払い落とし、清掃させる〈写真⑤〉。他方、三年の任期を終えたメンバーはナカマニーを担当し、準備を行う。それぞれの仕事が終わったら、全員で夜籠りのあとの拝所めぐりで使用するテウサ(手草)とキャーン(草冠)づくりに取りかかる。さらにクバの葉を五枚重ねて細長いフゥダタミ(敷物)を作る。フズカサンマのものはアニンマが作るのが決まりだ。

すべての作業が終わると、フズカサンマはミャーナカにユークインマたちを集め、夜籠りの準備が整った感謝の踊りで盛り上げのである。

(4)口噛みでンマダリ(神酒)を作る

ツカサンマたちには神酒造りという重要な仕事が待っている。フズカサンマの家では、数人が集まり大鍋で煮

⑤祭祀前日　テウサ(手草)とキャーン(草冠)をつくる

御嶽の周りはクバやガジュマルなど神々の好む樹木が生い茂っている。アーグシャーに先導されて枝を払い、清掃後、手草と草冠をつくる

た芋を原料にした「ンマダリ」（神酒）が作られる〈写真⑥〉。

ナカンマの吉浜良子さんが、前もって歯を磨いた口にその材料を含み噛み砕き吐き出す。唾液によって発酵させるのだ。とろりとした未発酵の液体は各自の酒瓶に詰められ、火であぶった芭蕉の葉で蓋をする。魔除けの塩の小袋を添えてススキの葉で瓶の口を結び、それぞれ自分の分を持ち帰る。翌朝までには唾液によってほどよくアルコール発酵しているという。

近世琉球における口噛《くちか》みによる神酒は、『琉球国由来記』にみることができる。要約すると、「当国の神酒は上古代より始まり、四季の祭祀には神前に供える。また婚礼、接待の礼式に必ずこれを用いる」とある。その作り方は、「米粉を煮て、米を水に漬ける。米粉を煮たものを婦女子に口で噛ませる。手でかき混ぜ、その上ずみにできるうすい酒を用いる」[27]としている。『八重山生活誌』の宮城文は、神祭りや諸行事に造られる「カンミシ（噛神酒）」はミシカン人《ビトゥ》と呼ばれる歯の丈夫な健康な女を選んで材料を噛ませたと記す。[28]口噛み酒の伝統は、池間でもその後は途絶えた。

⑥祭祀前日　ンマダリ（神酒）をつくる

大なべで煮た芋を原料に、大量のンマダリをつくる。唾液によって発酵させるカンミシ（噛神酒）は、古代からの伝統だが、池間でもこの年（1985年）が最後となった

三、祭祀当日のユーグムイ

旧暦九月二日（新暦一〇月一五日）の流れは、以下の順序で進む。

午後一時、ツカサンマ一同は御嶽に入る〈写真⑦〉。ウドゥヌを整える→煙草儀礼（フーダダマ）→アーグシャーによる御香のヨミ→自治会長からのウフユー（豊穣）の供え物→ユークインマの任務を終えたインギョーンマ（隠居した人）からの返礼品→フズカサンマによる感謝の祈り。午後五時の夕暮れ時、ナカンマの案内でユークインマたちがユークイヤーの席に着き、夜籠りは始まる。ナカンマはアーグシャーから渡された三〇本の一本ガウ（一本線香）を、日付の変わる明け方まで灯し続ける〈写真⑧〉。アキドゥラニガイ（寅の刻＝明け方の願い）に入ると、アーグシャーは「カンカカリヌアーグ」（五三頁参照）を七フダイうたい、神かかりする。

ナカンマが燃やし続けた線香が二三本目になった午前一時ごろ、新たな儀式が加わる。アーグシャーは全員が持参したミキガミ（酒の小瓶）にかぶせてある芭蕉の葉

⑦夜籠りに向かう

大量の御願用具を準備して、ユーグムイをするナナムイに向かうツカサンマたち。太陽が照り付ける集落の乾いた道は神女たちの草履の足音だけがにぶく響く

⑧御香を絶やさずに

ユーッピヌニガイ（夕方の願い）から夜籠りが始まる。アーグシャーが数えた30本の御香を儀式が終わる明け方まで燃やし続けるナカンマ

⑨神々と出会う籠りの儀式

夕暮れ時の午後5時、ユークインマたちはナカンマの案内でユークイヤーの席に着き、夜籠りの行事に入る。聖なる儀礼の中で神女たちは神々と一体化していく

の表面を手で触れて、異常がないないかどうかを調べる。芭蕉の葉が破損していたりすると所有者とその家族に祟りがあるといわれている。まれに破損したものがあっても、アーグシャーは口外しない。「今年のユークイのンマダリ（神酒）はきれいですよ」と異常のないことを参列者に報告し、ナカンマと二人のトモンマは二つの膳の椀に全員のンマダリをガジュマルの葉で少量すくって、その「ハナ」（先端）を供える。時には大鳩が舞い降りてきて首を上下に動かして、全員のミキガミを数えるといわれている。二〇一〇年からの三年間アーグシャーを務めた小禄有子さんは、大きな鳥を見た経験を話してくれた。

夜籠りが終わる明け方には、ツカサンマたちの家族によって食事が届けられる。私はフズカサンマのお弁当をナナムイに届ける役割を仰せつかる幸運を得た。明け方三時、フヅカサンマの母ナツさんが準備した大きなおにぎり五個とゆで卵、マヨネーズであえたキャベツ、飲み物が入った蓋つきの籠（ビラフ）を預かった。人参など赤い食品は禁忌だという。暗闇の中をナナムイへ向かう。

第一の鳥居前には夜食を持った大勢の家族が集まっていた。フズカサンマのお弁当を担当した私は促されて先頭に立つ。靴を脱ぎ、コンクリートの参道を行くと素足に冷気を感じ、緊張感は増していく。

第二の鳥居に着くと、ツカサンマとユークインマたちが待っていた。暗闇に慣れ、わずかな視界の中で目を凝らす。かすかに人気を感じるや私の手元が軽くなった。フズカサンマの手に渡った瞬間だった。神女たちは静寂の中で家族から受け取った夜食を無言で食べ始める。

やがて「籠り」の儀式は終わり、旧暦九月三日（新暦一〇月一六日）の朝を迎える。神女たちはユークイヤー（夜籠り小屋）を出て、ミャーナカの神前に座り祈願する。そしてアーグシャーが進み出て、池間の神々にユー（豊穣）を乞い願う神歌、「ユークイヌアーグ」を歌う。

一時間を超える歌唱が終わると、神女たちは立ち上がり、キャーン（草冠）をかぶり両の手にテウサ（手草）を持ち、フズカサンマは杖を携えてミャーナカで円陣を組む。フズカサンマの先導で、全員が「ヨーンティル、ヨーンティル」（豊穣を満たしてください）を唱和しながらゆるやかな円舞を続けていく。

四、三日目の聖所巡拝

(1)神々を崇めて円舞・唱和・神歌

御嶽で約二時間の神歌と円舞を終えると、ユークイのハイライトともいえる巡拝に出発する〈写真⑩〉。

島に散在する聖なる場所への長い道のりを、フズカサンマを先頭に、アーグシャー、ナカンマ、アニンマ、ウトゥガマンマに続き、ユークインマたちが年齢順に一列になり、「ヨーンティル」を唱和しながら第一の鳥居から東へ向かう〈写真⑪〉。その巡拝のコースは左頁の図の通りである。

最後に巡拝の出発地であり、最終地となるナカマニーで、使用したテウサ（手草）やキャーン（草冠）、杖などを神前に奉納して、一九八五年のユークイは終了した。

⑩拝所を巡る

夜籠りが明けて、御嶽での儀式を終えると巡拝に出る。島に点在する９か所の拝所を「ヨーンティル」（豊穣を満たしてください）を唱和しながらキャーン（草冠）に神衣装を着け、テウサ（手草）を振りながら続く長い列

神女たちが巡拝するコース

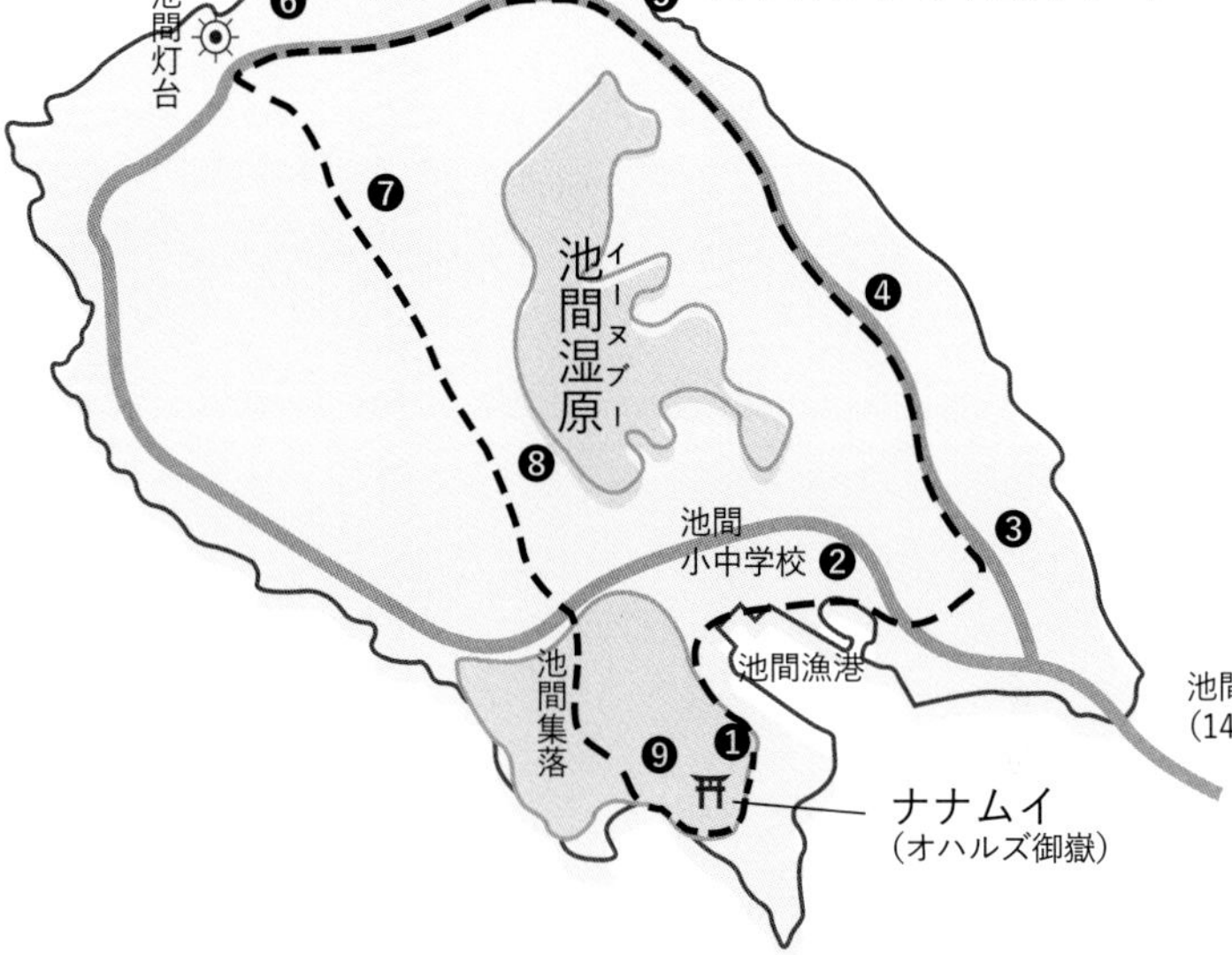

❶ナカマニー（仲間豊見親の屋敷跡）ユークイを導入したと伝承される仲間豊見親（池間方言ではトゥイミャ）の屋敷跡。豊見親を崇め円舞。

❷マーンツ（航海安全の神）　学校敷地のユニムイバラ（砂盛原）で、航海安全の神であるマーンツヌカンに向かって両手をかかげて遥拝。

❸ムイクス　ウジャキヌス（酒の神）が鎮座する聖地。御香→煙草儀→アーグシャが42番までの神歌をうたい、全員で唱和し円舞する。

❹ハナバリンミ　崖の割れた嶺の意味。神の通る道とされる。ここはでは小休止をして、クイチャー（集団踊り）で気分を高める。

❺フナクス　樹木の茂る盛り上がった地。池間東岸に位置し、アーグシャとナカンマの2人だけが海岸崎に立ってトゥーヌカン（唐の神）を崇め遥拝する〈写真⑫〉。

❻ウイラ（豊穣の神）　御香→煙草儀　アーグシャが「ウイラヌウフユヌス」を讃仰する58番までの神歌を奉納し、全員で唱和し円舞する〈写真⑬〉。

❼フィーカー（井戸）　アカマミヌカン（赤豆の神）を祀る。簡単な祈願を済ませ、赤豆の豊作を願ってクイチャーを踊る。

❽カータガー（掘抜き井戸）　草冠をはずし、フズカサンマ以外は白い神衣装も脱いで昼食をとる。空腹をいやしクイチャーを楽しむ。

❾ナッヴァ（世直しの神）　御香→煙草儀→アーグシャが114番までである神を崇める神歌い、今年で神職を終える神女たちを称える解放の場となる〈写真⑭〉。

＜ナカマニー＞出発点であり最終地点。まずオハルズ御嶽に置いてある神酒や手荷物をとり、ナカマニーの神前に手草や草冠、杖などを奉納する。

⑪豊穣を乞うユークインマたちの長い列

「ヨーンティル」を唱和しながら拝所をめぐるツカサンマとユークインマたち。9ヶ所の拝所で神歌を奉納し、円舞する長い巡拝の道のりを進んでいく

⑫フナスク　トゥーヌカン（唐の神）を遥拝

池間東岸に位置するフナクスでは、アーグシャーとナカンマの2人だけが海岸崎に立ち、文化伝来の神であるトゥーヌカン（唐の神）を崇め遥拝する

⑬ウイラ　海と豊穣の祈願

海岸端に位置するウイラでは線香を供え、喫煙儀礼を済ませ、アーグシャーは「ウイラヌウフユヌス」を賛美する神歌を58番まで奉納する

⑭ナッヴァ　任期を終える

ナッヴァでは祈願後、任期を終えるユークインマやツカサンマたちは草冠と神衣装を脱ぎ捨て抱き合い、声を上げてはしゃぎまわり、解放感を満喫する

五、祭祀終了後

夜籠り小屋の取り壊し儀式

一九八五年旧暦九月五日（新暦一〇月一八日）、ユークイヤーの取り壊し（ユークイヌフヤーホトキ）が行われた。午前六時三〇分、ツカサンマたちはナナムイへ向かう。すでに第一の鳥居前にはユークインマたちが待機している。御嶽に入ったツカサンマたちは、フーダダマ（キセル煙草の喫煙）、御香ヨミ（数える）の一連の儀式をすますと、指先で小刻みに地面を叩き始めた。「ティー（一）、ターー（二）、ミー（三）…」と、一〇〇まで数える。「ハイ」と呼ばれる儀式だ。これは神への願いが通じるための呼びかけである。

アニンマとウトゥガマンマはウドゥヌ横のウイバラ（上原）前で祈った後、厚みと光沢のあるヤラブ（和名テリハボク・オトギリソウ科）の葉をウジャラ（お皿）用に三枚摘み取り、フズカサンマに捧げ渡す。フズカサンマはウドゥヌ前に三枚置き、アニンマが持参した盆から、塩、米のハナ（先端）を葉っぱの皿に取り分け、その上からンマダリを注ぐ。アニンマは米の皿だけを残して盆を下げる。するとフズカサンマは、その皿を頭上に捧げてからヤラブの葉の皿に、米粒を指先で跳ね飛ばして載せる。米一粒を一俵とみなし、「ヒトムンタ―ラ」（一俵）、「フタムンターラ」（二俵）からトウムンターラ（一〇俵）まで数える。神様に「フヤホトキ（ユークイヤーの取り壊し）をします」と知らせているのだ。儀式が終了すると、男たちはユークイヤーの取り壊し作業に入る。すべての作業がおわり、静まり返ったミャーナカで、ツカサンマ五人は輪になり、クイチャーを踊る。「イヤササ、イヤササ」と手拍子が入り、「待ってました！」と、かん高い笑いとさんざめきが一〇分ほど続く。ツカサンマたちはこの時やっと解き放たれ、人間に戻れたのだという。

以上のユークイ祭祀の内容は、再取材によって追加されている。再会したアーグシャー山城マサヨさん、二〇一〇～一二年に神役を務めたフズカサンマの山口ゆかりさんとアーグシャーの小禄有子さんに確認しながら構成した。その成果は雑誌連載を経て、単行本として出版される好機も得た。[29]

池間の年間祭祀表（一九八五年度・旧暦）

ツカサンマノート「ウシヌテドシノ帳」を基本に追加調査により作成

	祭祀名	新暦	旧暦	干支	儀礼内容	島民通知	夜籠り	供え物	願いの起源*
1	旧正月願い	2月20日	1月1日	庚寅	新旧交代ニガイとツカサ宅廻り				マビトゥ
2	区長宅へ新年のあいさつ	2月21日	1月2日	辛卯	区長宅へ正月挨拶				マビトゥ
3	フズカサンマ宅で新年を祝す	2月26日	1月7日	丙申	午後2時にフズカサンマ宅に集う				マビトゥ
4	マビトゥダミニガイ	3月12日	1月21日	庚戌	島人の健康祈願	放送			ンキャーンドゥユミ
5	ヒルヌウフユダミニガイ	3月16日	1月25日	庚寅	昼の豊穣祈願				ンキャーンドゥユミ
6	ヨルヌウフユダミニガイクムイ	3月31日	2月11日	己巳	夜の豊穣祈願		○		ンキャーンドゥユミ
7	ヒダガンニガイ	4月10日	2月21日	己卯	漁師の豊漁と航海安全祈願		○	豚1頭	マビトゥ
8	ウフブユルスニガイ	4月16日	2月27日	乙酉	粟の豊作祈願		○		ンキャーンドゥユミ
9	カリユスダミニガイ	4月29日	3月10日	戊戌	安全航海祈願	放送			ンキャーンドゥユミ
10	ウカディダミヌクムイ	5月3日	3月14日	壬寅	御風（台風）の被害防止祈願		○		ンキャーンドゥユミ
11	ムスヌヌンニガイ	5月7日	3月18日	丙午	ネズミや害虫を払う祈願				ンキャーンドゥユミ

	祭祀名	新暦	旧暦	干支	儀礼内容	島民通知	夜籠り	供え物	願いの起源*
12	ムズウハツニガイ	5月30日	4月11日	己巳	麦の初穂祭祈願	放送	○		ンキャーンドゥユミ
13	ジャグユシニガイ	6月5日	4月17日	乙巳	カツオ漁の生餌（雑魚）寄せ願い	放送			マビトゥ
14	セイネンカイバヌニガイ	6月9日	4月21日	己卯	大正10年青年会場落成式後に船の沈没事故があり、狩俣地区の19人が遭難死。鎮魂と安全の祈願	放送	○		マビトゥ
15	シートゥガンニガイ	6月13日	4月25日	癸未	学童の健康と学業向上祈願	放送			マビトゥ
16	イビンダミニガイ	6月22日	5月5日	壬辰	甘藷の苗を植え付けた後の豊作祈願				ンキャーンドゥユミ
17	ウハナダミユーグムイ	6月24日	5月7日	甲午	木綿花の豊作祈願		○		ンキャーンドゥユミ
18	マミダミニガイ	7月4日	5月17日	甲辰	赤豆、黒豆など豆類の豊作祈願				ンキャーンドゥユミ
19	サカナユシニガイ	7月8日	5月21日	戊申	沿岸の魚類が寄るように祈願	放送			マビトゥ
20	ナナバカスヌクムイ	7月14日	5月27日	甲寅	粟の豊作を乞う祈願		○	粟の神酒	マビトゥ
21	ウカウルビシナウスニガイ	7月21日	6月4日	辛酉	香炉の清掃など浄め祈願				マビトゥ
22	フッビューイウサギ	7月29日	6月12日	己巳	粟の大豊作祈願	放送	○	粟の神酒	ンキャーンドゥユミ
23	アワウハツウサギ	8月14日	6月28日	乙酉	粟の初穂祭祈願	放送	○	粟の神酒	ンキャーンドゥユミ

24	ヒルヌウフユダミカサンバンニガイ	9月6日	7月22日	戊申	2度目の豊作祈願カサンバン（重ねて）				ンキャーンドゥユミ
25	ヨルヌウフユダミニガイクムイ	9月10〜12日	7月26〜28日	壬子〜甲寅	2度目の夜籠りする豊作祈願		○2晩		ンキャーンドゥユミ
26	サカナユシニガイカサンバン	9月17日	8月3日	己未	2度目の魚寄せ祈願の重ね祈願		○		マビトゥ
27	ウフブユルスヌフタバンクムイ	9月27日	8月13日	己巳	2度目の粟の豊作祈願		○2晩		ンキャーンドゥユミ
28	ウカディダミヌフタバンクムイ	10月1日	8月17日	癸酉	2度目の台風よけ祈願		○2晩		マビトゥ
29	ウハナダミヌフタバンクムイ	10月7日	8月23日	己卯	木綿の豊作祈願		○2晩		ンキャーンドゥユミ
30	ンマニガイ	10月9日	8月25日	辛巳	ツカサンマの願いを大司宅で願う				ンキャーンドゥユミ
31	アマグイニガイ	干ばつ時	干ばつ時		干ばつが続いた場合の雨乞い祈願		○		ンキャーンドゥユミ
32	ユークイヌフヤーフキ	10月14日	9月1日	丙戌	ユークイヤー建て御嶽の準備儀式	放送			ンキャーンドゥユミ
33	ナナムイヌユーグムイ	10月15日	9月2日	丁亥	豊穣を乞う夜籠り祈願		○	芋の神酒	ンキャーンドゥユミ
34	ユークイ当日（巡拝）	10月16日	9月3日	戊子	神歌と円舞で9か所の拝所を巡る				ンキャーンドゥユミ
35	ユークイヌフヤーホトキ	10月18日	9月5日	庚寅	ユークイヤーを取り壊す願い				ンキャーンドゥユミ
36	ミャークヅツ	10月22日	9月9日	甲午	宮古節祝い（三日間）	放送			ンキャーンドゥユミ

	祭祀名	新暦	旧暦	干支	儀礼内容	島民通知	夜籠り	供え物	願いの起源＊
37	ハルンナダミニガイ	11月25日	10月13日	丙卯	かたつむりの発生予防祈願				ンキャーンドゥユミ
38	イモウハツニガイ	11月26日	10月15日	己巳	甘藷の初物収穫感謝祈願	放送	○	蒸し芋	ンキャーンドゥユミ
39	ムズダミニガイ	11月30日	10月19日	癸酉	麦の豊作祝い祈願		○	麦の神酒	ンキャーンドゥユミ
40	トマイニガイ	12月6日	10月25日	己卯	昔の泊（船着き場）の祈願	放送		芋の神酒	ンキャーンドゥユミ
41	ニューヒッバニガイ	12月15日	11月4日	戊子	セリの願いで池間漁協で祈願		○		マビトゥ
42	ヒャーズヌニガイ	12月21日	11月10日	甲午	伊良部島にある鍛冶の神への祈願				ンキャーンドゥユミ
43	イラウバシヌニガイ	12月22日	11月11日	乙未	池間と佐良浜間の航海安全祈願	放送		芋の神酒	ンキャーンドゥユミ
44	オワリヌマビトゥダミニガイ	1986年1月6日	11月26日	庚戌	1年間の島民健康感謝祈願	放送		芋の神酒	マビトゥ
45	スマフサラニガイ	1月13日	12月4日	丁巳	集落全体の疫病防止の祈願	放送		豚1頭	ンキャーンドゥユミ
46	カーヌカンニガイ	1月29日	12月20日	癸酉	井戸の神への感謝祈願				ンキャーンドゥユミ
47	ンマユイ	1月15日	12月6日	己未	ナナムイで新ツカサンマを選ぶ				マビトゥ

＊願いの起源
・ンキャーンドゥユミ＝ンキャーンドゥユミガニダティタニガイ（昔、五穀豊穣を祈る祭祀が基本となり、嫁〈女性〉が司ってきた願い）
・マビトゥ＝マビトゥガニダティタニガイ（真人〈村人〉が定めて準備した願い）

〈注〉

1 沖縄県土木建築部宮古土木事務所『池間大橋（補修・補強の取り組み）』二〇一七年三月。面積は沖縄県『離島関係資料』（二〇一八年一月）「指定離島一覧」二頁。

2 安仁屋昭「沖縄県池間島の自然環境─地形・地質・土壌について」「『平良市総合博物館紀要』第七号、二〇〇〇年、一〇一頁。

3 隣接する宮古島の方言（みゃーくふつ）では「ぱ・ぴ・ぷ・ぺ・ぽ」の破裂音を多用するので、「ウパルズ御嶽」と発音するが、池間島には破裂音の使用はなく「オハルズ御嶽」と呼称する。

4 首里王府の命で編纂された『宮古島旧記御嶽由来記』旧蔵は東西文化センター（ハワイ）。法政大学沖縄文化研究所複製版所蔵。

5 二〇二二年一二月現在の池間島（字池間・字前里）人口、世帯数（宮古島市生活環境部市民課）

6 二〇一七年四月現在の正・準組合員数（池間漁業協同組合調べ）。

7 宮城栄昌『沖縄ノロの研究』吉川弘文館、一九七九年、八八頁。

8 前掲『御嶽由来記』『平良市史』（第三巻資料編1）所収、三八〜三九頁）

9 昔の願いに関して『宮古島市史　第二巻（中）悉皆調査〈平良地区〉』「みやこの祭祀」宮古島市教育委員会、二〇二〇年、八〜一一六頁に伝承として「ンキャーンドゥ　トゥイ　ミャガハダンドゥ　ニダティ　タイ　ニガイ（昔、豊見親の頃、根立てた願い）と記載している。

10 柳田國男「日本の祭」『定本柳田國男集第十巻』筑摩書房、一九六二年、二一九頁。

11 前里村創建二百五十年記念誌『ずなら』前里元長寿会、二〇一六年、「年表」七四頁。

12 二〇一七年に再会したアーグシャーの山城マサヨさんの聞き取りに加えて、今回の写真展開催に当たりさらなる確認調査を行った。その結果秘密裡とされていた「カンカカリヌアーグ」（神かかりの歌）は九つの神を讃える九フダイ（題）で構成されていることが判明した。ツカサンマ不在の時期を経て、記録を残す重要性を認識した関係者のお力添えによるものである。

13 伊良波盛男『池間民俗語彙の世界　宮古・池間島の神観念』ボーダーインク、二〇〇四年、三九頁。

14 大井浩太郎『池間嶋史誌』池間嶋史誌発刊委員会、一九八四年、三六一〜三六二頁。

15 飯島吉晴「骨こぶり習俗」『日本民俗学』第一五四号、日本民族学会、一九八四年、八頁。

池間の年間祭祀表　80
16 伊波普猷「南島古代の葬制」『伊波普猷全集』第五巻、平凡社、一九七四年、三五頁。
17 上野英信「骨嚙み」『上野英信集4、闇を砦として』径書房、一九八五年、一五一頁。
18 柳田國男『葬送習俗語彙』国書刊行会、一九七五年（復刻原本一九三七年）、四七頁。
19 折口信夫「かまどの話」『折口信夫全集』（ノート編第七巻）、中央公論社、一九七一年、四〇〇～四〇一頁。
20 前掲、伊良波盛男『池間民俗語彙の世界　宮古・池間島の神観念』七～八頁。
21 谷川健一「常世論—南《ぱい》の島《すま》」『谷川健一全集—魔の系譜　常世論』第12巻、冨山房インターナショナル、二〇〇六年、二七三頁。
22 前掲、野口武徳『沖縄池間島民俗誌』一九九～二〇〇頁。
23 仲宗根将二「池間島の〝ユークイ〟みたまま」『平良市の文化財』平良市教育委員会、一九七七年度文化財要覧、三一頁）
24 島尻勝太郎「近世宮古の文化と信仰」前掲『平良市史』（第一巻通史編一）二〇九頁。
25 『雍正旧記』前掲『平良市史』（第三巻資料編Ⅰ）所収、四三頁。
26 酒井卯作「煙草の利用法についての資料」『南島研究』第五〇号、南島研究会、二〇〇九年、二三頁。
27 「琉球国由来記」『琉球史料叢書』第1、井上書房、一九六二年、九九頁。
28 宮城文『八重山生活誌』沖縄タイムス社、一九七二年、二六四頁。
29 月刊誌『きらめきプラス』（愛育出版）において「沖縄の女たち」と題し、宮古島市池間島、そして沖縄本島糸満と八重瀬町字港川、久米島町奥武島の女性たちの労働と生活を二〇一七年六月から連載（全二五回）。その後雑誌連載を再構成して『海に生きる島に祈る—沖縄の祭祀・移民・戦争をたどる』（ボーダーインク、二〇二〇年）として出版。

第4章
佐良浜の祭祀

伊良部島東部に位置する佐良浜港（2022年）

拝所が点在する海沿いの集落

佐良浜が属する伊良部島は、宮古島の北西五㎞に位置するサンゴ礁石灰石からなる半農半漁の島である。池間島に遅れること二三年、二〇一五年一月に伊良部大橋が開通する以前は、連絡船による離島であった。

伊良部島東部の佐良浜地区は、一章に述べたように現在の行政区としては、宮古島市伊良部字池間添と、字前里添の地区である。しかし、人頭税時代に池間島から伊良部島の佐良浜（古くは佐那浜《さなはま》と呼ばれた）に移住し、ムラ建てをした歴史的事実をふまえて佐良浜という地名が総称として使用され続けている。しかも「間切」時代は、池間本村の所轄として遠く離れた平良間切に属するという変則的区制の経緯も経てきた。

本村池間島の添字として「添」が付され池間添、前里添として伊良部村の字となったのは、一九〇七年の「沖縄県及び島嶼町村制」が発布されて以来のことである。

一九一六年には伊良部、仲地、国仲の三カ字を東区、長浜と佐和田の二カ字を西区、池間添、前里添の二カ字を北区と呼称して、三区に区長が任命された。[1] 現在は字池間添と字前里添を北区と呼び、南区の五カ字を「農業の伊良部」に対し、「漁業の佐良浜」と、呼称区分けをしている。

二〇二二年の佐良浜（字池間添、字前里添）の人口は二五五二人（男一三〇七人、女一二四五人）、世帯数一四四八である。[2] その景観は迷路のような路地と、急斜面に立ち並ぶ漁村特有の密集した家並が特徴である。趣のある道を宮古島のことばで綾道《あやんつ》といわれるとのことで、[3] まさに海を臨む綾道の集落である。

池間島を親村とする祭祀儀礼集団

佐良浜には「ムトゥ」と呼ばれる同一祖先をもつ祭祀儀礼集団[4]がある。ムトゥには「モトムラ」と「ナカムラ」の二つの系統があり、佐良浜の住民はこのどちらかに所属し、行政区分の居住区とは異なる祭祀組織を形成している。

その成り立ちは、佐良浜が池間島の分村であることに起因している。本村である池間島は、一三〇五年（嘉元三）に久米島から渡ってきた真謝三兄弟によって拓かれたとされ、長男から順に「マジャ（真謝）ムトゥ」、「マイヌヤー（前の家）ムトゥ」、「アギマス（上げ枡）ムトゥ」と、移住後分村した「マイザト（前里）ムトゥ」の四ムトゥが祭祀儀礼として機能している。佐良浜に移住した池間島系の人びとは、それぞれの出自であるムトゥを継承し、池間島の三兄弟を祖先とするムトゥの系統に所属する家系を「モトムラ」、前里ムトゥ系統の家系を「ナカムラ」として組織されてきた。

　ムトゥにはそれぞれ拝所があり、モトムラの三ムトゥは集落の中ほどに位置し、斜面に張り付くように並んでいる。現在の鉄筋コンクリート平屋建ては、二〇一八年に新しく建て替えられ、所属する人びとの精神的支柱となっている。

　他方、前里ムトゥは前里村番所跡であり、建物の中央に置かれている祭神の石は、池間島の前里ムトゥからの分神といわれている。[5] かつてのセメント平屋建ては現在新築されている。伝統行事のミャークヅツには、ウヤと呼ばれる男性たち（モトムラは四七歳以上、ナカムラは五〇歳以上）が属するムトゥに集い、祭祀を行う大切な場所でもある。

　人頭税を起因とする池間からの分村である佐良浜、さらに首里王府の政策による分村（一八七四年池間と佐良浜からの強制移住）である西原[6]でも、ナナムイ（オハルズ御嶽）への信仰、ミャークヅツ、ユークイなど同様の祭祀儀礼を共有している。加えてこの三地区は「われら池間民族」と名のり、親村（池間島）・兄村（佐良浜）、弟村（西原）として結束を強めている。

佐良浜の神役組織

池間島と同じく「ンマユイ」と呼ばれる神クジによる選出方法が行われている。その役割は最高職のウフンマ（大母）、神と交信し神がかりを伴って神歌を歌うカカランマ（池間ではアーグシャー）、ウフンマを補佐するナカンマの三役で、任期は三年、モトムラとナカムラからそれぞれ選ばれ、両ムラで六人である。

ンマユイの候補となるのは、女性の夫が親村池間島を出自とするモトムラ、またはナカムラの家系に属することが最大の条件である。

①モトムラの場合は、夫の年齢は四七歳。その妻の資格は四七歳から五三歳までで、出身地は問わない。

②ナカムラの場合は、夫の年齢は五〇歳、妻の資格はモトムラと同様である。

神クジを行う祭場は、両ムラともに旧村の番所跡に建てられたズンミジャー（集会所）で行われる。モトムラは「旧池間村拝所」、ナカムラは「旧前里村ブーンミャー」の表札が掲げられている。集落神事としてナナムイで行われる池間と比しても、佐良浜がいかにモトムラ、ナカムラという出自を重要視しているかがうかがえる。

両ムラともに当日は、男性神役のツカサウヤ（司親）が待機し、対象となる男性の自出と年齢を確認し、その妻の氏名を書いた紙を丸めて盆にのせる。ツカサウヤが盆を左右に揺らし、落ちた紙の名前を読み上げる。三回落ちたものが神役として認定され、最初に落ちたものから、ウフンマ、次にウフンマの補佐役のナカンマ、カカランマの順で役割が決まる。終了後役員たちは新たに選任された女性の家を訪ねてそれぞれの神役に選出されたことを伝え、本人の意志を確認する。本人が了承すれば、神から選ばれた神役となる。

佐良浜に特徴的なのは、三年間の任務を終え引退しても、「アニたち」（姉・アニンマ）として三年間はすべての祭祀に参加し、新人神役を指導する役目を果たさなければならない。アニたちに対して現役神役を「ダツナウラ」と呼称する。直訳すれば「抱きみのらせるひと」だが、元アーグシャーは言った。「ナナムイを抱くンマたち」と。神々に抱かれるのではなく、自らが神を抱き、神の守護を受けて集落を豊かにする役目を担っているというのだ。神役としての覚悟の決意である。

祭祀集団としては、左表のように、現役神役の介助役を務める「ユームチャー」（豊穣を運ぶ者）と呼ばれる神酒の甕などを運ぶ女性が存在する。ウフンマには五人、他の神役でも二、三人は付く。さらにユークイに参加する四七歳から五七歳で佐良浜出身の女性たちを「ナナソンマ」と呼び、池間のユークインマと同様、ユークイに参加する神女役である。一〇年間務めた五七歳のインギョウ（隠居）の年の祭祀には、島外に居住している女性たちも帰省し、「インギョウニガイ」に参加、同級会のような賑わいになるという。しかし、二〇一二年を最後に現在、ツカサンマは存在しない。

私が取材見聞した佐良浜での祭祀は、一九九三年のことで、ツカサンマは一九九二年から一九九四年の三年間を務めた六人。写真に登場するのは、モトムラのウフンマ（譜久島恵子さん）、カカランマ（具志堅英子さん）、ナカンマ（与儀初江さん）、ナカムラのウフンマ（糸満芳子さん）、カカランマ（浜川安子さん）、ナカンマ（浜川照代さん）である。その後、二〇一二年に再調査を開始、祭祀内容の確認など、二〇〇四年から二〇〇六年にモトムラのカカランマを務めた長崎国枝さん（一九五一年生まれ）と、長崎さんの先輩カカランマであった與儀千代美さん（一九五四年生まれ）に多大なお力添えをいただいた。

長崎国枝さんは、佐良浜育ちで、ツカサンマを務めた親族もおり、神役は神様が決めたことなのだと納得して引き受けた。選ばれた日のことを国枝さんは今もはっきり覚えている。キビの葉を落とす作業に追われる日々を過ごしていたが、その日はカラスが舞い降りてきて仕事の邪魔をするのだ。車の屋根の上で鳴き声を発して異常に騒ぎ立てる。

「ひどく胸騒ぎがして急いで家に戻りました。玄関に入るなり固定電話の呼び出し音が鳴って、カカランマに選ばれたことが告げられました」と語る。

佐良浜の神役組織と祭祀集団の成員

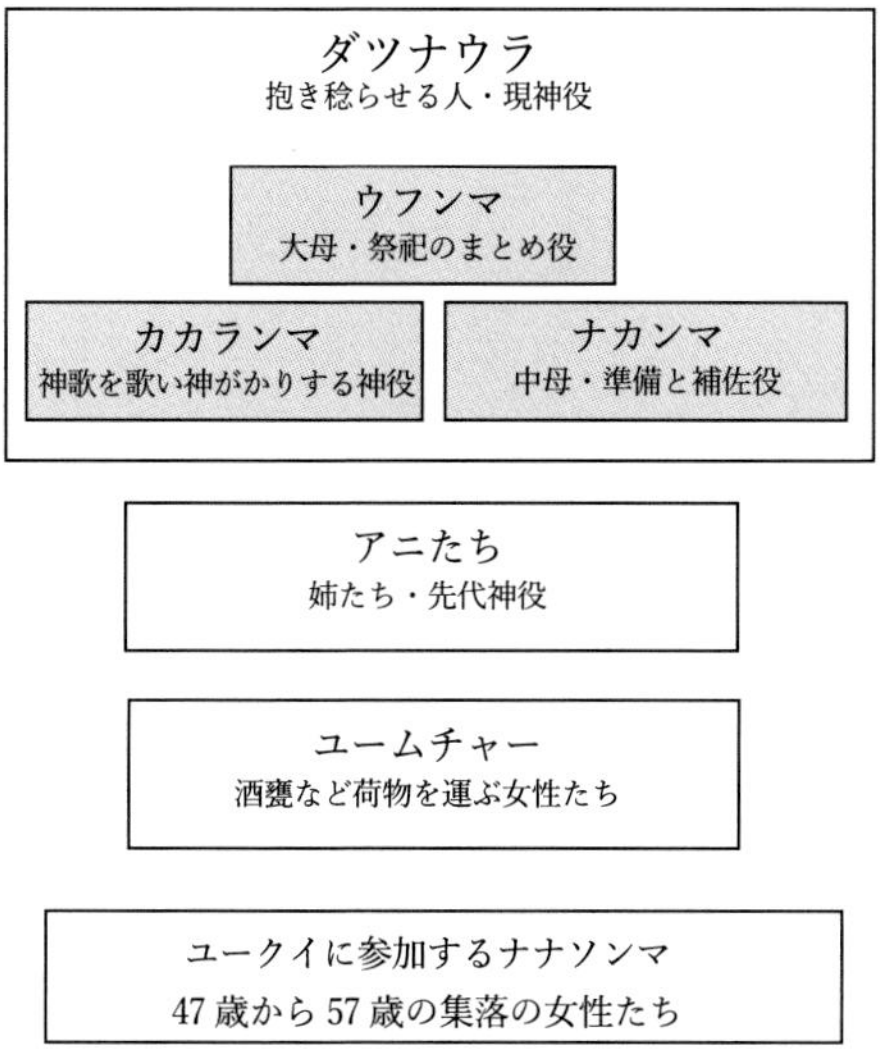

第一節　佐良浜の祭祀構造と儀礼の手順

一、旧正月と神役交代儀式

池間と同じく、新旧の神役が交代する年の佐良浜の旧正月には「テバサシニガイ」とよばれる神役交代の儀式が行われる。章末に記載する年間祭祀表（一二三頁）が二〇〇七年であるのは、神役の新旧交代の年に当たり、神役関連の儀式が加わることと、さらにご教示頂いた長崎国枝さんの現役引退後の初年であり、指導役としても、多岐にわたる儀式を熟知しているからに他ならない。

旧暦一二月三〇日には毎月行われる「ツイタチネガイ」を兼ねて、新しく選ばれた神役たちはこの日、初めてナナムイに入る。アニたちと呼ばれる先代神役から指導を受ける緊張の日を迎える。

新人神役たちは、まず所属するムラの先代のウフンマヤー（ウフンマ宅）を訪ね、アニたちに付き添われてナナムイに向かう。以下は、前日の御嶽の清掃から始まる旧正月の行程である。

(1)セイケツ（清掃）

願いの前日には、御嶽や拝所を浄める清掃をする。ツカサンマは並んで腰を落とした祈願姿勢で、「これからセイケツを始めます」とフツユン（口詠み、願いのことばを唱える）する。年間祭祀のすべての祭場で行われる祭祀の前日の決まり事である。掃き集めた拝所のチリは決して廃棄物ではなく「ウフユー」（豊穣）として、ウフユーブクル（豊穣袋）に収めて特定の場所に投棄しなければならない。清掃作業もすべて素手で行うので、清掃後はナカンマがシャコガイの手洗い容器に水を注ぎ、モトムラのウフンマから一人ひとり手を洗い清める。ティスミ（手澄み）と呼ばれる欠かせない祭祀手順だ。

(2)フツアキニガイ（口開け願い）

どんな願いでもまず早朝の五時にはナナムイに向かい、フツアキニガイから始められる。前日、両ムラのカカランマとナカンマがナナムイ近くの「ニッラハツマル」の浜から集めてきた四袋分の新しいハマユー（海砂）を大量の御香炉の周りに撒いてカギセイケツ（美し清掃）

をする。

ちなみに、御嶽に関わるものすべてにカギ（美しい）が付加される、拝所の門はカギジャウ、邪気を払うための水はカギ水、盆はカギブン、各家庭はカギヤーキという。

(3)ブンビシ

供え物を整えた膳（ブン）を所定の位置に配置する（ビシる）。まずウフムッシュ（大むしろ）を敷き、その上にウヒツ（供え物をのせる膳）、ターク（神酒を酒瓶に移すときに使用する酒器）、バカス（神酒を入れる甕）、インヌユー（海の豊穣）を意味するイワシやタコ、クパン（塩）、などの供え物の膳を所定の位置に置き、さらに供え物のハナ（端、一部分）を小分けにした「ハナウサギブン」を作る。先輩神役の動きに圧倒されながら、新しい神役たちは、見落とすことなく記憶しなければならない。

(4)祈願儀礼

祭場での祈願はキセル煙草を吸う「タバクユーイ」儀礼から始められる。タバクユーイをすますと、佐良浜のツカサンマたちは神を崇める「ハイ」と呼ばれる拝礼儀礼に入る。頭を垂れて両手を高く掲げ、次に指先で小刻みに「テー（一）、ター（二）、ミー（三）…」と数えながら一二回床面を叩く。再び両手を掲げる所作を三回繰り返したあと、フツユン（口詠み）をする。このハイとフツユンの儀礼の組合せ拝礼を三回繰り返す。床を叩くのは神への呼びかけといわれている。御嶽や拝所で必ず行われる祈願儀礼の基本だ。

(5)御香をヨム

御香をヨム（数える）のは、カカランマの大切な任務の一つ。祭祀では沖縄の平御香ではなく一本御香（大和御香）が用いられる。神々や関連する数の御香を数え、アダナス（アダンの繊維）で縛る。その束をウヒツに載せて掲げ、ナナムイに祀られている十二ハウ（十二支の神で島中の神々）に、数に間違いのないことを見届けて頂く。

「今年の一年分一二本、カギジャウ（美しい門）一本、十二ハウ十二本、ティンガナス一本、ナナムイ七本…」とそれぞれ異なる数を数えなければならない。さらにウフンマ、カカランマ、ナカンマ、ユームチャー、ヤーキ（各家庭）などの本数を加えていく。

神々の名はティダガナス（太陽の神）、ンマティダガナス（月の神）などの天地の神、リュウキュウヌ神（竜宮の神）、カリュウシヌ神（航海安全の神）といった海の神、十二ハウヌ神（十二方位の神）、トラヌハの神（寅の方向の神）などの方位の神、アカマミヌ神（赤豆の神）、などの農作物の神、そしてヤーヌ神（家の神）、ウカマヌ神（台所の神）に至る日常の暮らしにまで神は宿り、名が付される。

⑹並ぶ順位

この日学ぶ重要な決まり事に、「順位」という規範がある。祭祀の手順も並び方も、歩くにも、祈願するにも順番があるのだ。祈願席では右から「モトムラのウフンマ、ナカムラのウフンマ、モトムラのカカランマ、ナカムラのカカランマ、モトムラのナカンマ、ナカムラのナカンマ」の順が崩れることはない。

歩くときはモトムラのウフンマを先頭にして順列の規定に従って移動する。

「モトムラ」「ナカムラ」という出自に関わる概念がここでも基本となっているのである。

⑺三日にわたる正月まわり

すべての「テバサシニガイ」儀式が終わったら、いったん帰宅して着替えすると早々に正月まわりが始まる。最初に新任したダツナウラの家から始める。モトムラのウフンマヤー、ナカムラのウフンマヤーの順で両ムラの六人の神役宅をまわり、次は引退したアニンマたち六人の家をまわる。全部で一二人の家々で祝福を受け、神歌を歌い、ごちそうにあずかる。三日間を費やす正月行事である。その道々は神歌を歌いながら歩く。集落の人びとに、ツカサンマたちの存在と神事の重要さを知らせる意味があるという。

歌われる神歌の一つに「ハイユヌカナス」（南世の加那志）がある。佐良浜の郷土史家、仲間明典訳による歌意[7]は、「南の地の親愛なる人よ、ハイミャ（砂の中にいるシャコの仲間）みたいに佐良浜に住みつき、海に降りていく庭（斜面の土地）の中に下（浜辺）と上（丘）に家があって、身内や兄弟が揃い、世間話や良い話に興じ、エビが脱皮して大きく育つように、加那志の一族も繁栄してください」と歌う。

また「ンナママツタニ」（いま蒔く種子）も歌われる。長い歴史を池間島や佐良浜で歌い継がれてきたとわれる。「いま蒔く種子が、十月に蒔く粟が、種子に不良がなく生えている、不生もなく生えている、見事に実っている」。分村の佐良浜とは幾分歌詞に違いはあるようだが、池間島の前泊徳正訳[8]によれば、貢納した残りが、豊かに実る世であば、「ユヤナウレ（世は直れ）」とリフレインされ、二四節にわたる。

二〇二二年三月に佐良浜を訪ねた際、與儀千代美さんと長崎国枝さんが、最初に聞かせてくれた神歌だった。

これまでみてきたように、盛りだくさんな旧正月行事から始まったハードスケジュールに、新任の神役たちの多くは、不安におちいるという。それを支えるのがツムスリニガイ（心沁みる願い）だ。

緊張を解き放ち、ツム（心）を開いて、これからの重責に集中できるようにという祈願である。年間祭祀表に見るように、旧暦三月一〇日から二八日の間に、両ムラの六人のツカサンマのツムスリニガイが行われている。

二、カカランマが神と対話するオヨシ

佐良浜には神歌のほかに神と交信する「オヨシ」（お寄せ）と呼ばれる独自の神歌がある。池間の「カンカカリヌアーグ」（神がかりの歌）とも異なる多様な神歌で、祭祀や祈る拝所に即して歌われ、声の高低、リズムの高揚のなかで神がかり状態に入っていく。

カカランマは、神々の名を崇めながら、神歌を歌い、神々と対話するなかで、見えなかったものが見え、聞こえなかったことが聞こえるようになっていくという。カカランマの神役に選ばれると、覚えるべきオヨシや数多くの神歌が記録された大量の帳面が手渡される。はじめは先輩カカランマの「アニ」（姉）から学ぶ。習得するにしたがって、神とのかかわりは独自のものになっていくという。

長崎さんは「何かが降りてくる」と表現する。先輩たちからは習得を重ねるうちに、目前の壁に文字が現れるからそれを読めばいいと指導された。しかし長崎さんの場合は違った。両の手を合わせ歌いだすと神歌を書き記

したノートが目の前に開かれ、頁も自然に繰られていくのだという。

オヨシには多くの神々が登場する。いつの間にか自分の声がその神の声に変っていくのが自分でもわかる。体が震えだし、涙がとめどなく流れているが自分で操作しているわけではないので、自然に任せる以外ない。聞いているツカサンマ仲間は「鳥肌ものだね」とか「カカラのステージが始まるよ」などと言い合っている。あまりひどい場合は大丈夫かと心配されることもある。その状態が数時間も続くのだ。

私も実際に一九九三年旧暦四月二七日（新暦六月一七日）、モトムラのウフンマヤーで行われた「ムズビューイウサギ」のユーグムイ（夜籠り）で、オヨシを歌うカカランマの体が大きく揺れて変化していく様子を目の当たりにしたときは、自分の体を締め付けられるような緊張感を覚えた記憶が今も残っている。

・祭祀とオヨシの構成

①ティンガナス
②クガニンマ
③ナナムイ
④ンヌッニイ
⑤ナイカニガウチャウヌス
⑥ウイラ
⑦ナッヴァ
⑧ヒャーズヌファガン
⑨ヒャーズヌンマガン
⑩ンマヌハヌユーヌヌス
⑪マウカン

ティンガナス（天の神）から始まり、マウカン（家の守護神）までの神々を賛美するオヨシは一一フダイ（題）の組み合わせを全フダイ歌うのは、ウフンマヤーでユーグムイ（夜籠り）するムズビューイ（麦の祭礼）や、ウフンマニガイ、ツカサンマたちのクライアガイニガイなどである。

前出の仲間明典の解説によれば、[9] 各神々のフダイの構成は、まず冒頭は「イリフツ」と呼ばれる部分で、神迎えに相当するという。③のナナムイの場合なら、まずナナムイの神様の功績を讃える。そのあと、その年のこと、日取り、願い事、供物、島、御香、昔世、マビト（人）、農耕、旅、海、そして願い事について歌うのだという。

⑪の「マウカン」は人それぞれを守っている守護霊のことで、旅立ちの祝福を願う内容になっている。強く守護を願う気持ちが込められ、「神送り」の意味も含ませている。ヒューイウサギ、クライアガイの願いなどで歌われるとしている。二フダイを約二時間半かけて歌い、神々と対話していく。

年の初めの願い「マビトゥダミニガイ」では、ナナムイでモトムラのカカランマが①ティンガナス、②クガニンマ、③ナナムイの三フダイを歌い、ナカムラのカカランマが④ンヌッニイ、⑤ナイカニガウチャウヌス、⑥ウイラの三フダイを歌う。

「ウフユダミニガイ」では、モトムラのカカランマがティンガナスからンヌッニイまでの四フダイ、ナカムラのカカランマがナイカニガウチャウヌスからヒャーズヌファガンまでの四フダイと決まっている。

ほかに祭祀によって「井戸のニガイのオヨシ」「カズマニガイのオヨシ」「サンバシニガイのオヨシ」「シートゥニガイニのオヨシ」など個別のオヨシがある。漁業の集落佐良浜にとって重要なハマニガイは「ヒダガンニガイのオヨシ」の二フダイがあり、一つは「ハドラ」と名付けられたオヨシで竜宮の神を意味するハドラをリフレインする。二フダイ目は「ヨシルヨシル」で、豊漁を寄せて下さいと願うオヨシである。

三、クライアガイ・ユーイ（位上がり祝い）

「クライアガイ・ユーイとは、神役たちが三年間の祭祀を担う任務を終了し、先代神役としてクライ（位）が上がったことを祝う大がかりな神事である。現役はもちろん三代上までのアニたち（姉たち）も参加するのが慣例である。

二〇〇七年の場合は、年間祭祀年間表（一二三頁）の21の「モトムラ、ナカムラ両ムラのナカンマのクライアガイニガイ」、23の「モトムラのカカランマ」、26で「ナカムラのカカランマ」、49で「両ムラのウフンマのクライアガイ儀礼」が行われている。ナカンマ、カカランマ、ウフンマの順は不動で、祭祀全体の責任者であったウフンマが最後になるように、日取りをしている。

儀式の準備と費用は基本的にそれぞれ個人持ちである。家族全員で前もって準備にとりかかる。

①豚は三匹／②昆布一五〜二〇キログラム（供え物用）／③米一〇キログラム（供え物用）／④タコ一〇キログラム（供え物用）／⑤祝い盆にのせる菓子類一〇袋程度／⑥ンマダリ（神酒）を作るための粟を買い集める／⑦酒七本（供え物用）／⑧タバコ（タバクユーイ用）七箱／⑨飲み物／⑩御香（大和御香）四〇本

豚三匹のうち二匹は、屠殺済みで骨付きのものを購入し、もう一匹は生きたままで自宅に保護しておく。ニガイ当日に屠殺し、骨も重要な供え物なので、大切に切り分ける。現在は「屠殺場法」などで、公的な屠殺場以外で食用の獣畜を屠殺解体することは禁じられていて、もはやこうした慣例をみることはない。

ほかに祈願に使用する大量の用具は、三日前にダツナウラ（現役神役）から借りて、準備しておく。カンドウイ、ブンン、ウヒツ、ユハイダイ、バカス、ムムクユー、ダイガマ、カラソガミなど。粟のンマダリづくりは数日前から、関係者が集まって取りかかるが、必要な材料だけでなく、臼などの用具も準備しておかなければならない。

モトムラ、ナカムラの後輩、先輩神役、親戚が一堂に集まり、ナナムイでの祈願に始まり、ユーフィニガイ（日暮れ時の願い）、アキドゥラニガイ（寅の刻の願い）、三日ニガイ（祈願から三日後に行う願い）と、公的神事として進められる。アキドゥラニガイではカカランマが、オヨシを一一フダイ歌う。クライアガイの本人がカカランマの場合は、相手ムラか先輩カカランマが代役をつとめ、アキドゥラのブンビシ（供え用の盆を整え配置する）は、七膳も並ぶ。

三日ニガイにも豚が供えられ、祝いのウフユー（豊穣）として豚と、昆布が参加者に分けられる。自己歳出も大きいが、家族も本人も三年間の大役から解放される喜びに満ちた祝いとなるのだ。

第二節　カーニガイ（井戸願い）

一九九三年旧暦二月二七日（新暦三月一九日）

一、前日の準備

カギセイケツ（井戸の清掃）

朝八時、モトムラ、ナカムラのダツナウラ（現役神役六人でのこぎり、かまを持ち、所定の場所で待ち合わせて、サバウツガー（鯖沖井戸）へ行く。長い急階段や井戸周りの伸びた枝を伐採する。井戸についたら草履を脱いで、素足でカギセイケツにとりかかる。集めたウフユー（豊穣、塵や雑草）をウフユーブクル（ゴミ袋）に詰めて、定められた草むらに運びこむ。

サバウツガーに着いたら、並んで座り、フツユン（口詠み）して持ち分の場所を清掃する。ウフンマは御香炉から始め、井戸周り、波の立つ海際の周囲などの清掃が終わったら、アガイヌカーへ移動する。ふたつの井戸の清掃を終えた両ムラのツカサンマたちは、それぞれのウフンマヤーへ戻る。

ウカウユン（御香をヨム）

チャーユーイ（お茶祝い）をして休憩したら、トゥイヤ（ムラ指定の商店）で供え物に必要な品を購入する。御香（三〇束）、米（二升）、酒（四合瓶二本、二合瓶一本）、砂糖（一キログラム入り三袋）である。祭祀用具をウフンマヤーのクラ（倉）から出して準備しておく。

御香三〇束の内訳は、三日ニガイ（三束）、ナナムイ（四束）、サバウツガー（八束）、アガイヌカー（六束）、水源地（八束）、廻りセンコウ（一束）である。

ナナムイでは当日ヨムが、井戸願いの分は前もってウフンマヤーで準備しておく。たとえばサバウツガーの八束の御香をヨム対象と御香の数は、カギブンヌマヌス（四マウイ＝一マウイは御香三本）、マウカン（四マウイ）、カギジャウ（四マウイ）、ナナムイ（七マウイ）、ダツナウラ（七マウイ）、ユームチャー（四マウイ）など四九の神々と関わる人々や場所を名を挙げながら、御香の数をヨミ、分別する。アガイヌカーと水源地の三カ所用でほぼ一時間はかかる。その驚異の記憶力は、神業以外の何物でもない。

二、ナナムイでのフツアキニガイ（口開け願い）

疑似点火の御香

早朝五時から、ナナムイでフツアキニガイに入る。十二ハウの両側にハマユー（海砂）を盛り上げたウフユミヤー（右がモトムラ、左がナカムラ）で祈り、カギセイケツを終えると、ウフヤー（拝殿）で御香の束を神前に掲げてから、祈願の準備に入る。

カカランマが敷いたウフムッシュ（大むしろ）の上に二人のウフンマが供え物のブンを整える。ウヒツにバカスや供え物を規定の通りに並べ置く〈写真①〉。

カカランマは所定の場所で読んだ御香を掲げて、数に間違いのないことを十二ハウの神に見届けていただく。その御香の束を持ち、ナカンマが先導してウカウジャー（火をつける場所）へ行く。しかしカーニガイでは御香に火はつけないので、ナカンマが点火剤として使用する新聞紙に火をつけるマービ（真似）をし、疑似点火の所作をする。両ムラのウフンマは火のついていない御香を受け取り、十二ハウの香炉に御香を立てる〈写真③〉。

①供え物と祭祀用具

ウフヤー（拝殿）にて、カカランマが敷いたウフムッシュ（大むしろ）の上に2人のウフンマ（右がモトムラ、左がナカムラ）が供え物を整える

②御香をの数を神に確認

御香の数に間違いないことを十二ハウの神に見届けていただく。写真左のウカウジャーで、御香の点火剤である紙に、疑似点火の所作をしているのが見える

③御香を立てる

カカランマがヨミ、整えた御香はアダナスで束ねる。ナカンマから渡された火のついていない御香を御香炉に立て、6 人そろって十二ハウの神を拝む

祈願儀礼

　ウフヤーの祈願席では、規定通り右寄りにモトムラのウフンマから並ぶ。祭場での祈願はキセル煙草を吸う「タバクユーイ」儀礼から始められる。次に神を崇める「ハイ」と呼ばれる拝礼儀礼に入る。頭を垂れて両手を高く掲げ、次に指先で小刻みに「テー（一）、ター（二）、ミー（三）…」と数えながら一二回床面を叩く。再び両手を掲げる所作を三回繰り返したあと、フツユン（口詠み）をする。このハイとフツユンの儀礼の組み合せ拝礼を三回繰り返す〈写真④〉。床を叩くのは神への呼びかけといわれている。御嶽や拝所で必ず行われる祈願儀礼の基本だ。

　両ムラのナカンマ二人はナナムイの樹木の葉を一七枚採る〈写真⑤〉。葉はハナブン（供え物の一部を盛る）の小皿に用いられる。ウフンマ二人が十二ハウの神にハナウサギブンを供えて祈願する。すべての儀礼がすんだら、供え物のウジャキ（神酒）のお下がりを頂き、両ムラとともにヤライ（盃を交わす）をし、祈願用具を片付けてサバウツガーへ移動する〈写真⑥〉。

④フツユンニガイ（願いを唱える）

祈願席に戻り、タバクユーイ、フツユン（願いのことばを唱える）をする。「テー、ター、ミー」と12回数えながら床面を指先で叩き、その両手を掲げる

⑤ 17枚の葉を採る

両ムラのナカンマ2人はナナムイの樹木の葉を17枚採る。葉はハナブン（供え物の一部を盛る）の小皿に3枚重ねを4組、5枚重ねを1組作る

⑥カーニガイ（井戸願い）に向かう

供え物のウフユー（豊穣）を分け頂き、ナナムイでのフツアキニガイを終える。ウフヤーを出るツカサンマたちに容赦なく季節風の強風が吹きつける

墓地や農道を抜けて目的地へ

ナナムイの出入り口のカギジャウ（美しい門）の前で、もう一度フツユン（口詠み）して〈写真⑦〉、歩き出すダツナウラたちに容赦なく強風が吹きつける。低気圧の通過による春先の強風は宮古島地方の特徴でもある。頭に載せたむしろや御願用具を入れたマグが大きく揺れ、風で飛ばされそうになりながら、歩調を速めて墓地や農道を抜けていく〈写真⑧〉。

⑦カギジャウ　（美しい門）

ナナムイの出入り口のカギジャウにフツユンして、井戸の恵みに感謝するカーに向かって、ツカサンマたちは出発する

⑧強風の農道をゆく

先頭からモトムラのウフンマ、ナカムラのウフンマ、モトムラのカカランマ、ナカムラのカカランマ、モトムラのナカンマ、ナカムラのナカンマという順列は決まっている

三、サバウツガー（鯖沖井戸）

急斜面と急階段での祈願

急階段降り口の手前にある井戸を見おろす「ヌスキフツ」（のぞき口）と呼ばれる場所で願う〈写真⑨〉。ここではウフンマがバカスブンを供え、タバクユーイ、フツユンする。井戸を訪れる前の挨拶のようなものだとされる。サバウツガーへ降りる急階段の二段目で供え物のハナ（一部分）を供える〈写真⑩〉。強風に吹き飛ばされそうな場所でも儀礼の手は抜かない。

井戸での祈願

サバウツガーに着いたら草履を脱ぎ、カカランマが前日に数えて束ねた御香をウヒツに載せて崇める。ウフンマはむしろの上に供え物のブン（盆）を所定の位置に並べ置く〈写真⑪〉。井戸に向かって、右側がモトムラ、左がナカムラと決まっている。

タバクユーイをし、フツユン、ハイの一連の祈願に入る〈写真⑫〉。祈願が済んだら、モトムラのカカランマ

⑨ヌスキフツ（のぞき口）

ヌスキフツではウフンマがバカスブンを供え、タバクユーイ、フツユンをしてからサバウツガーに降りる。井戸を訪れる前の挨拶のようなもの

⑩急階段でハナウサギ

サバウツガーへ降りる急階段の２段目で供え物のハナ（一部分）を供える。モトムラ、ナカムラのハナウサギブンを２か所に供えて祈願する

⑪サバウツガー（鯖沖井戸）

サバウツガーに着いたら草履を脱ぎ、カカランマが前日にヨミ、束ねた御香をウヒツに載せて崇める。ウフンマは供え物のブン（盆）を所定の位置に並べ置く

が一二番まである「井戸のニガイのオヨシ」を一フダイ（一題）歌う。「今の家々も、昔からの家も、大きな鍋で沸かして飲みなさい。そうすればおなかを壊すこともない。我が神による助けのおかげです」と歌い上げる。

⑫タバクユーイ（喫煙儀礼）

タバクユーイをし、一連の祈願のあと、モトムラのカカランマが12番まである「井戸のニガイのオヨシ」を１フダイ歌う

オヨシが終わったら、すでに井戸の淵の七か所に置かれた二ウマイ（一ウマイは三本）の御香の横に、ウフンマ二人がハナウサギ（神酒、米、砂糖の一部を供える）をする。この所作を廻り線香という〈写真⑬〉。

⑬廻り御香

カカランマが井戸の淵の７か所に置いた２ウマイの御香（１ウマイは３本）の横に、ウフンマ２人がハナウサギする。

ンマジャタ（美味砂糖）を投入

二人のウフンマはナカンマから砂糖皿を受け取って、ンマジャタを井戸の中に投入する〈写真⑭〉。甘くおいしい水を保てますようにという井戸への砂糖投入儀式だ。

すべての祈願が終了したら、ウジャキ（神酒）のお下がりを頂く〈写真⑮〉。井戸の水を汲み、自宅の竈の神に供える。祭祀用具を片付けてアガイヌカーへ向かう。

⑭ンマジャタ（美味砂糖）

2人のウフンマはナカンマから砂糖皿を受け取って、井戸の中に投入する。モトムラは右回り、ナカムラは左回りと決まっている

⑮神酒のヤライ

すべてのニガイが終了したら、ウジャキ（神酒）のお下がりを頂く。2ムラ同士もヤライ（盃を飲み交わす）をする

四、アガイヌカー（東の井戸）

戻りの急階段をツカサンマたちは軽い足どりで登りきり、二つ目の井戸へと急ぐ〈写真⑯〉。樹木に覆われた雑木林の狭い階段を降りた先にアガイヌカーがある。先導役のウフンマたちの安堵感が伝わる。終着地まであと一息だ〈写真⑰〉。

祈願はサバウツガーに準じるが、ここではオヨシも水汲みもない。生活用水として用いられたサバウツガーに対して、アガイヌカーは雑用水として活用された井戸だったという〈写真⑱〉。

二つのカーニガイを終えると間もなく正午を迎える。行くべき拝所がまだ残っている。いったんウフンマヤーに戻り、休憩をとる。

五、スイゲンゲンチ（水源地）

午後一時、ウフンマはクバ笠をかぶり、「神の道をあける」といわれる[10]ディーギー（手木＝杖）をもって、ス

⑯アガイヌカー（東の井戸）へ

祭祀用具を片付け、アガイヌカーへ向かう。かつてはおもに洗濯用水として利用された井戸だった。ツカサンマの列は歩調を速めながら墓地や農道を抜けていく

⑰アガイヌカーの降り口

樹木に覆われた狭い階段を降りた先にアガイヌカーがある。先導役のウフンマたちの安堵感が伝わる。早朝5時から始めて間もなく正午を迎える

⑱アガイヌカーのニガイ

祈願はサバウツガーでの順序に準じるが、オヨシも水汲みもない。アガイヌカーは左ブン（左盆）なので、ンマジャタの投入はモトムラ左回り、ナカムラ右回りとなる

イゲンチ（水源地）と呼ばれる伊良部浄水場（伊良部字前里添一〇六六）へ出かける。水汲みから解放された水源地への感謝の祈願だ。浄水場へは前もって連絡して、無機質な浄水機械室で井戸と同様の祈願をする。

建物の外の溝にンマジャタ（砂糖）をまきカーニガイは終了する。ちなみに現在この浄水場は休止状態である。二〇一五年一月、伊良部大橋開通後の一〇月からは袖山浄水場から伊良部大橋の橋梁添架管を通じて送水されているためである。

さらに本祭祀の三日後には、ウフンマヤーで「三日ニガイ」が追加される。加えて祭祀年表の記載にあるように、旧暦一二月には「年末の感謝願い」として、二度目のカーニガイが行われる。

佐良浜のカーニガイとムズビューイウサギの祭場

❶サバウツガー
❷ナナムイ（オハルズ御嶽、大主神社）
❸ナッヴァ
❹ナカマニー
❺モトムラのムトゥ
❻旧前里村番所跡（現在ナカムラのズンミジャー）
❼旧池間村番所跡（現在モトムラのズンミジャー）
❽ニッラハツマル
❾シューガキシ
❿アガイヌカー
⓫スイゲンチ（伊良部浄水場）

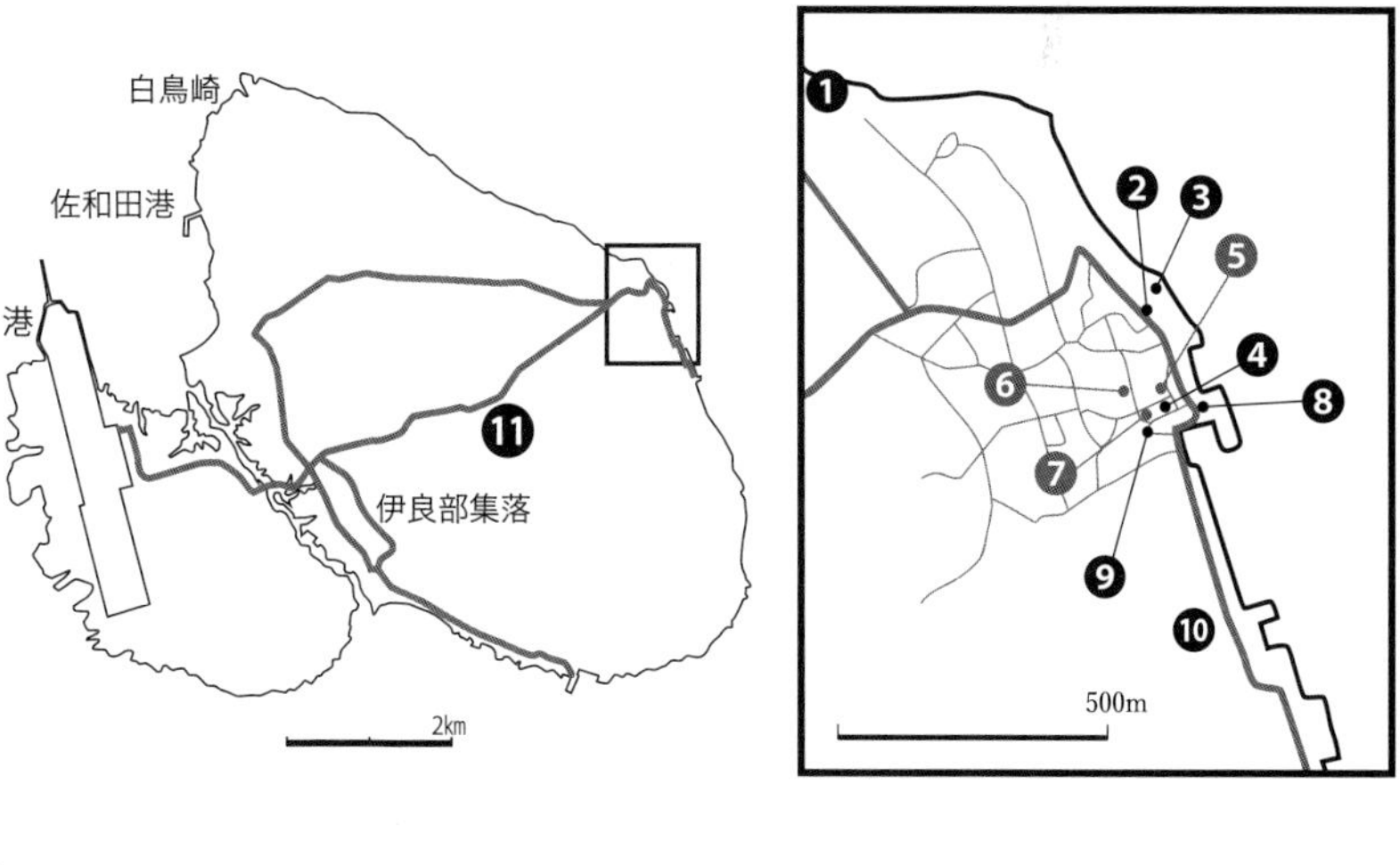

第三節 ムズビューイウサギ（麦の収穫感謝儀礼）

一九九三年旧歴四月二七日（新暦六月一六日）〜旧暦四月二八日（新暦六月一七日）

「ムズビューイウサギ」とは麦の収穫祭感謝儀礼である。「ビューイ」とは祭日の日選り、日取りを取ることであり、ウサギは捧げることを意味する。粟や麦、芋などの作物の豊作に感謝を捧げる祭祀である。ムズビューイは麦のンマダリ（神酒）をつくり、ユーグムイ（夜籠り）して祈願する。

一、ムズビューイウサギの準備

①押し麦（一俵） ンマダリの材料

②赤麦（一斗二升）供え物用、うち四升はカウズ（麹菌）に使用する。

③米（五キロ） アキドゥラ（夜が明けるまでの夜籠り）でのツカサンマたちの食事用。

①麦と神酒を供える

麦とンマダリがウヒツに整えられ、ムズビューイの供え物が供えられる。御香炉前の茶碗の水はカギミズ（美しい水）と呼ばれ、周囲の邪気を払う意味があるという

④酒（四合瓶三本、二合瓶一本）
⑤イワシ（一斤半）
⑥センコウ（大和御香）三一束。
⑦タコ（蛸）一〇キロ
⑧ソバ（蕎麦）七袋
⑨サシミ（刺身）三キロ
⑩タバコ（煙草）三箱

午前一〇時頃、ツカサンマたちはウフンマヤーに行き、チャーユーイ（お茶祝い）をしてから準備に入る。カカランマとナカンマは、トゥイヤ（ムラ指定の商店）に行って、供え物用の諸品を買いそろえる。

神酒の材料である麦は、祭祀の数週間前に神酒用の押し麦一表と供え物用と麹用の赤麦（赤皮系の麦）一斗二升を取り寄せておく。ちなみに粟の場合は、ツカサンマたちで島の所有者をさがして買い集めなければならない。

カカランマは準備した御香三一束を巡拝する御嶽や拝所別に準備しておく。ウスビシニガイ二束、ユーフィーニガイ三束、アキドゥラニガイ一一束、ナナムイ四束、ナッヴァ四束、ナカマニー四束、三日ニガイ三束。それぞれ数えた御香を束ねて新聞紙に包んでおく。なお沖縄の新聞には住民の死亡通知頁があるので、注意が必要だ。これは当然、禁忌である。

二、ンマダリ（神酒）づくり

(1)ウスビシニガイ（臼置き祈願）

祭祀前日の早朝、五時に両ムラともウフンマヤーでンマダリをつくる。材料の麦は三日前の夕刻に洗い、ウフンマ、カカランマ、ナカンマそれぞれのタライに準備しておく。ダツナウラとアニたちに加えてユームチャー数人がウフンマヤーに集まる。臼と杵を出して、ウフンマが杵で搗く真似をし、ウスビシニガイをする。いったん朝食をとり、大がかりな神酒作りにとりかかる。原料である押し麦を大鍋で煮込み、ミキサーでつぶし（かつては手作業で練り上げていた）、こし器で三回ずつ交代しながらていねいに濾し、麹を加えて仕込んでいく。大なべから炊けた麦を取り出したり、濾す作業などすべて、ウフンマから手をつける。

ニガイ当日にでき上がるンマダリは液体ではなく、やわらかい練り物のような形状をしている。「ナナソジャラ」と呼ばれる大量の漆の椀に盛り付けて神々に供えたり、持ち運びするのに液体では不都合だからだ。

(2)カミビシニガイ（甕を据え置き祈願する）

多くの作業工程を経てできたンマダリの素は甕につめられる。ウフンマ用（二斗甕、一斗甕、五升甕など五個の酒甕と、カラソガミと呼ばれる小さな甕が数個）、カカランマ用、ナカンマ用がそれぞれ（一斗甕、五升甕が三個とカラソガミ数個）が準備され、合わせて一五個にのぼる甕が準備される。

まず甕をウフンマヤーの所定の位置に並べ「カミビシニガイ」を終えてから、ンマダリを甕に入れる。

三日願い用のンマダリも甕に入れて保存する。全員の甕に入れ終わったら、蓋をする。カカランマが前もって準備しておいた蓋用の材料、アダナス（アダンの繊維）、クバ（和名ビロウ）の葉、カッサ（芭蕉）の葉などでナカンマが手伝って蓋をする。

すべての準備が終了したら、ニガイ用の祭祀用具を倉から出して準備する。ウフンマに就任すると先代のウフンマから用具一式を引き継ぐので、住まいの一室か物置、あるいは敷地内に倉を建て、すべての祭祀用具を保管する。

(3)特別の供え物と祭祀用具

タ－ラグー（俵）をつくる。ヤラウジャラともいう。ヤラブの葉を皿代わりに一〇枚重ね、インヌユー（海の幸）の煮干しを包みアダナスで結んだ供え物を手作りする。ナナソジャラ（小皿）にンマダリを盛りつける。ナナムイとウフンマヤーは五八皿と決まっている。フサバニ（茅の葉を束ねて作った祭祀用箸）を準備する。

ナカジャラ（中皿）二つ、ウフジャラ（大皿）二つ、ユハイダイ（豊穣が栄える台）、盃二個を載せる盆、ダイガマ（大きい盃）二つ、インヌユー（海の幸）として、煮干しを盛りつけた皿が二つ。室内では蛸を使用する。クパン（塩）の皿が二つ、麦の願いなので赤皮系の赤麦が盛られる。ウヒツ(供え物をのせる木製の高台、膳)、バカス、ターク、トモバカス、赤麦をいれたウフユーマグ。ウフ

ナナムイの供え物一式（ブンビシ）

①ターラグー（俵）、ヤラウジャラともいう。ヤラブの葉を皿代わりに10枚重ね、インヌユー（海の幸）の煮干しを包みアダナス（アダンの繊維）で結んだ供え物
②ナナソジャラ（小皿）にンマダリ（麦を発酵させて作った神酒）を盛りつける。ナナムイとウフンマヤー（大母宅）は58皿と決まっている
③フサバニ（茅の葉を束ねて作った祭祀用箸）
④ナカジャラ（中皿）2つ
⑤ウフジャラ（大皿）2つ
⑥ユハイダイ（豊穣が栄える台）盃2個を載せる盆
⑦ダイガマ（大きい盃）2つ
⑧インヌユー（海の幸）として、煮干しを盛る
⑨クパン（塩）の皿が2つ
⑩麦の願いなので赤麦（赤皮系の麦）は欠かせない
⑪ウヒツ（御櫃）供え物をのせる木製の高台（膳）
⑫バカス（神酒を入れる酒甕）
⑬ターク（神酒を酒瓶に移すときに使用する酒器）
⑭トモバカス（神酒を入れる甕）
⑮赤麦（赤皮系の麦）をいれたウフユーマグ
⑯ウフンマの1斗甕（甕）
⑰ウフンマの5升甕（甕）
⑱ウフムッシュ（大むしろ）供え物を並べる敷物として戸外でも屋内でも必ず使用する
⑲ウヤンマブクル（喫煙儀礼用のキセル煙草袋）

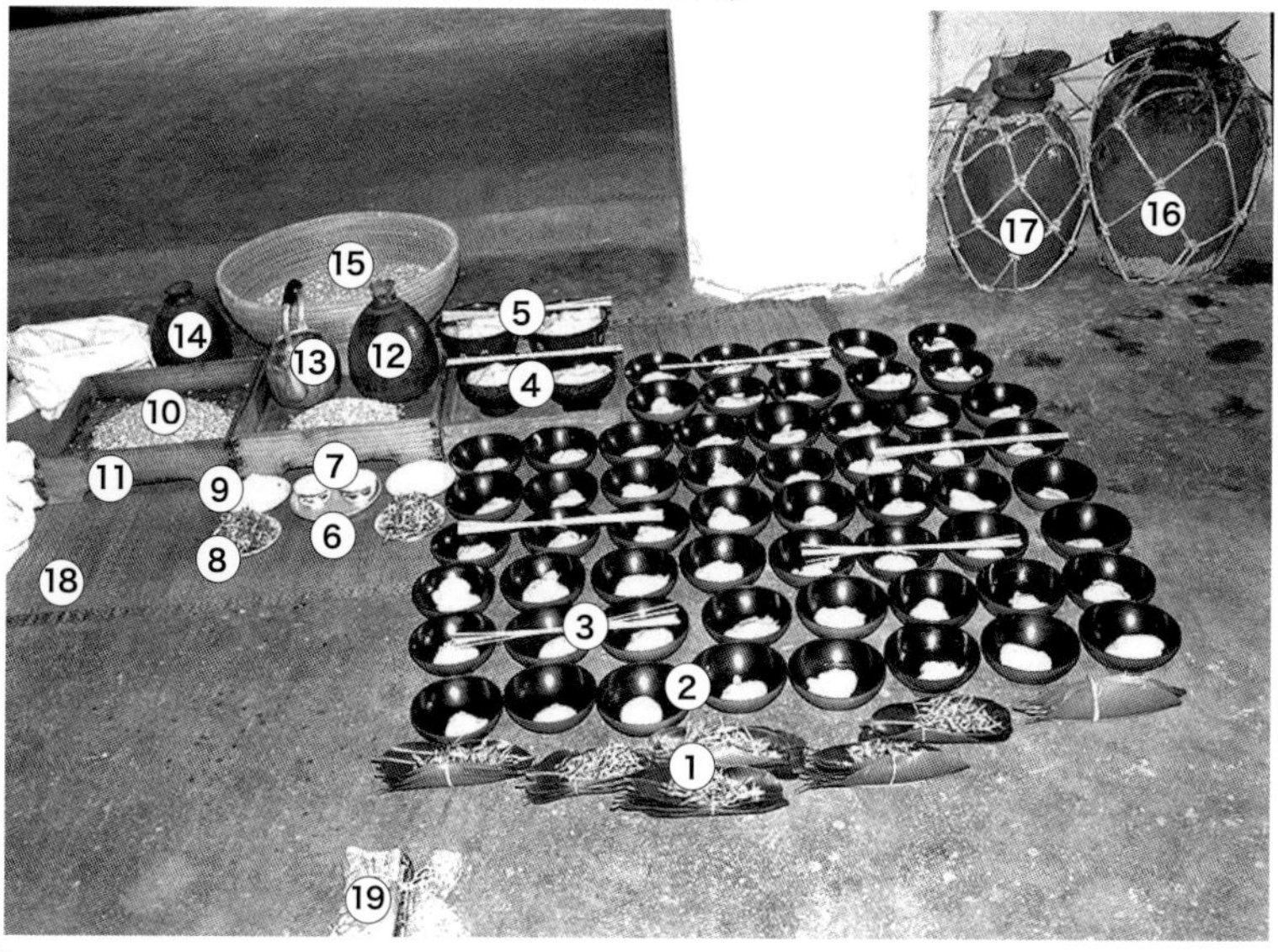

ンマの一斗甕と五升甕、供え物を並べるウフムッシュ（大むしろ）は戸外でも屋内でも必ず使用する。

夜籠りには明かりも欠かせない。カンドゥーイ（和紙を張った灯篭）に和紙を張り替え、油と芯も替える。タマドーゥイ（ガラス製のランプ）は曇りのないように拭き清める。予定の作業が終了したら、神役たちはいったん自宅に帰り、夕方六時までにはウフンマヤーに集まる。

三、ユーグムイ（夜籠り）

ユーフィニガイ（薄暗い時刻の願い）

⑴ウフンマヤー

「夕方」だけではなく「夜明け」もユーフィという〈写真②〉。午後七時が開始時間なので、一時間前にはニガイの準備に入る。チャーユーイ（お茶祝い）をして、カカランマは供え物を並べるむしろを敷いてブン（盆）を三つ準備し、御香を神に崇めてから神々に供える本数をヨム。ナカンマは香炉の両脇にカギミズ（美しい水）を

②ユーフィニガイ

午後7時、モトムラのウフンマ宅。願いのことばを唱えて神を崇め、床を12回指先で叩き、その両手を高く掲げて神を崇める。前列は現神役、後列に先代神役

入れた器を添える。周囲の邪気を払う意味があるという。カンドゥーイ（灯籠）の火を灯す。ウフンマは御香を立て、ブンビシ（供え物一式を整えた盆）を整える。

ウヒツ（高膳）にウシュービン（御酒瓶）、ファー瓶（子瓶）、ムムクユー（百個に例えられる神酒を詰める酒小瓶）、バカス（酒器）、インヌユー（海の豊穣の蛸）などが所定の位置に大量に並べられる〈写真③〉。黙々と言葉を発することなく、それぞれの役割をはたしていく。先輩のアニたちもやってくる。

⑵煙草と拝礼儀礼

前列に現神役、後列に先代神役が並び、タバクユーイ（喫煙儀礼）をする〈写真④〉。ツカサンマたちは各自でウヤンマブクル（煙草入れの袋）を所有し持参する。キセル煙草の煙が神々とつながり、願いに入る前の神との約束事だとされている。前述したように、「ハイ」と呼ばれる拝礼儀礼に入る。頭を垂れて両手を高く掲げ、次に指先で小刻みに「テー（一）、ター（二）、ミー（三）…」と数えながら一二回床面を叩く。再び両手を掲げる所作

③供え物を整えるウフンマ

ウシュービン（御酒瓶）、ファー瓶（子瓶）、ムムクユー（たくさんの小壺）、バカス（酒器）、インヌユー（海の豊穣の蛸）などが所定の位置に大量に並べられる

を三回繰り返したあと、フツユン（口詠み）をする。このハイとフツユンの儀礼の組合せ拝礼を三回繰り返す。床を叩くのは神への呼びかけとされ、御嶽や拝所で必ず行われる祈願儀礼の基本だ。

(3)カンナーギアーグ

次は全員で「カンナーギアーグ」（神名揚げアーグ）を一番から三一番まで全節歌う。「尊き今日の良き日に、選ばれた黄金の日に、喜びを込めて歌います」と宮古の神々の名を挙げて讃え続ける。お祝いの席などで歌われる定番の神歌だ。

(4)ウフユーを分ける

歌い終わったら、数々のウフユー（集落の有力者や商店、隣組、各世帯からの供え物）、オカヌユー（お賽銭など）を分配する。現役ツカサンマが取り仕切り、アニンマたち、ユームチャー（介添え役、おもに荷物を運ぶ女性たち）、ヤーキ（集落の各家庭）への分配など一人残らず関わったすべての人びとに分配し、ムズビューイの豊穣を頂く。夜

④祭祀に欠かせない喫煙儀礼

ツカサンマたちは各自でウヤンマブクル（煙草入れの袋）を所有し持参する。キセル煙草の煙が神々とつながり、願いに入る前の神との約束事だとされている

も更けて、先輩、現役のツカサンマたちは遅い夕食をとる。

アキドゥラニガイ（寅の刻＝明け方の願い）

(1)ウスイバナとナナソジャラ

夜一〇から明け方までの夜籠りの願いに入る。カカランマは一時間前に御香をカミテ（崇めて）ヨム（供える神々別に数え分ける）。一一束の御香に火をつけ、ウフンマが受け取って御香炉に立てる。さらにウフンマは供え物の一部を追加するウスイバナ（御添え端）をして、ブン（供え物一式）を整える。

ナカンマはンマダリをナナソジャラ（小皿、漆の椀）に盛る〈写真⑤〉。その数はナナムイとウフンマヤーは五八枚。ナッヴァは三八枚、ナカマニーは二八枚と拝所によって数が異なる。ナナムイとウフンマヤーはつながっているとされ、常に最大量の五八枚となっている。そのほかウフジャラ（大皿）二枚、ナカジャラ（中皿）二枚にもンマダリを盛る。ウフンマヤーはンマダリの香りに満ち、御香の煙が立ち込めて、祈りの場が作りあげられ

⑤ンマダリ（麦の神酒）を盛りつける

ナナソジャラ（七十皿）58枚とウフジャラ（大皿）ナカジャラ（中皿）に、ンマダリ（麦の神酒）を盛りつけるナカンマ。ンマダリの香りがウフンマ宅を満たす

ていく。

⑵オヨシとカカランマ

フツユンニガイの後は、カカランマが「オヨシ」を一一フダイ（一一題）歌う〈写真⑥〉。ティンガナスからマウカンまで一一の神々が崇められる（九〇頁参照）。約二時間にわたるカカランマによる単独歌唱は、時に高く、やがてつぶやきに変わって神がかり状態に入っていく。

その夜、モトムラのウフンマヤーでの同席を許された私は、体を固くして見つめるばかりだった記憶がよみがえる。

のちに、当の具志堅英子さん（一九四二年生まれ）は、こんなふうに話してくれた。

「歌詞を暗記しているだけではオヨシは歌えません。まだ慣れないはじめの頃は、不安でいっぱいでした。そんな時私は神様にどうか力を貸して下さいと何度も唱えました。そうすると神の歌がどこからともなく流れてきたんです。神様が教えてくれていると感じたら、もうスラスラと出てきました。神様に歌わされているんです」と。

⑥オヨシを歌うカカランマ

神々と対話する「オヨシ」を歌うカカランマの具志堅英子さん（中央）。両手を合わせ約２時間、その声は高く低く、やがてつぶやきに変わる

⑦踊りの先陣を切るウフンマ

ウフンマ宅を埋め尽くした供え物のすべてが神様からの豊穣として分配される。午前3時から5時までは、踊りと神歌で神々を賛美し最高潮に達する

⑧夜籠り明けの巡拝

ナナムイに行く途中のシューガキシに立ち寄り、カラソガミ（神酒の小壺）などを供えてくる 。拝所のシンボルだったデイゴの大木は立ち枯れて今はない

ちなみにオヨシはモトムラとナカムラでは多少の相違があるという。

⑶四つ竹をかき鳴らし踊る

オヨシが終わったらみんな立ち上がって島中の神々を讃える「ゴデンポー」（御前風）を歌う。その後すべての供え物と祭祀用具を片付ける。供え物の刺身、そば、タコなど数々のウフユーをブイて（分け合い）、神々から豊穣を頂き小休止する。

午前三時から五時までは、踊りと歌で神々を賛美し最高潮に達する。ダツナウラとアニたちは交代で歌い踊る〈写真⑦〉。「ユツダキオドリヌウタ」「ジュリホーカ」「マツガマオドリヌウタ」など四つ竹をかき鳴らしながら二時間ほど続く。踊り終わるとすでに午前五時、いったん各自の自宅に戻り、分け頂いたウフユーの数々を自宅の竈の神やマウカン（守護神）に捧げ感謝し、水浴びをし（シャワーを浴び）て着替をし、朝六時には再び両ムラのウフンマヤーに集う。ユームチャーたち（ウフンマの係三人、カカランマの係一人、ナカンマの係一人）にも六時

⑨ナカマニーのカギジャウ（美しい門）

ナカマニーのカギジャウ。ユームチャー（荷物を運ぶ役目）たちが、神酒の甕などを運んでおくのだが、ウフンマの先導なしには誰も拝所には入れない

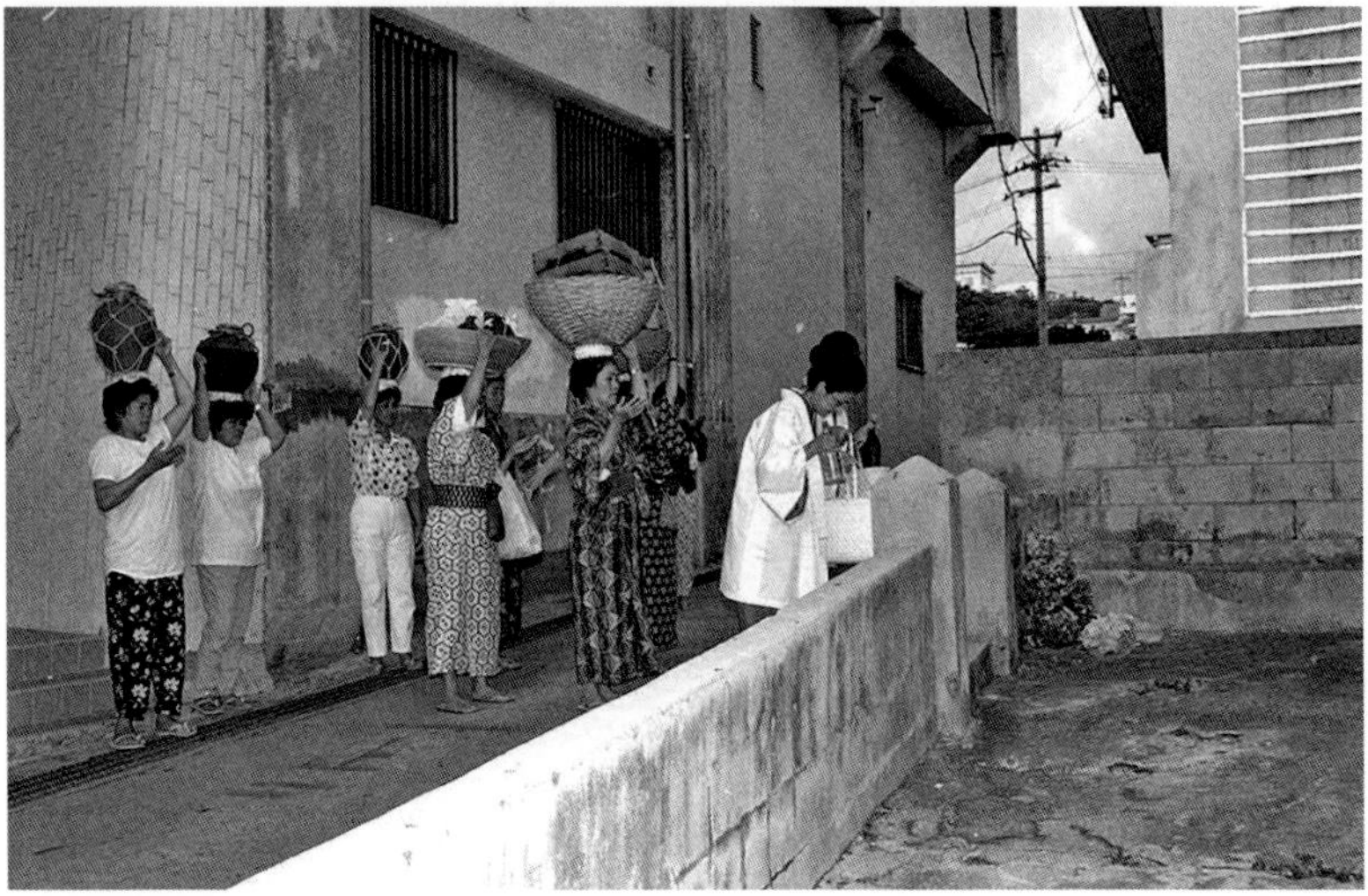

⑩ナナムイに向かう

ムイムイ（杜々、各拝所）に神酒の甕や祭祀用具を運び込む準備を終え、いよいよナナムイへ向かう。酒甕を運ぶユームチャー4人が後に続く

⑪御嶽のカギセイケツ（美しい清掃）

手前はモトムラのウフユミヤー(祭場)。十二ハウの左側がナカムラのウフユミヤー。砂山の奥にはハマユー（浜砂）が敷き詰められた御香炉群がある

⑫モトムラのウフユミヤー

清掃が終わったことをナナムイの神に報告するモトムラの右からウフンマ、カカランマ、ナカンマ。御香炉のセイケツはウフンマが担当する

⑬十二ハウに御香を立てる

十二ハウの御香炉の右にモトムラ、左にナカムラの御香炉があり、一段下の両脇に、両ムラのウフンマ、カカランマ、ナカンマ、ユームチャーの小さな御香炉がある

までには来るように伝えておく。

ムイムイ（杜々）の巡拝

⑴シューガキシ
ウフンマはカカランマとナカンマを伴い、ナナムイに行く途中のシューガキシに立ち寄り、カラソガミ（神酒の小壺）などを供えてくる〈写真⑧〉。ナカンマの五升甕もナカマニーに運んでおく〈写真⑨〉のだが、ウフンマの先導なしには誰も拝所には入れない。カカランマはウフンマの籠からカラソガミとヤラウジャラ、フサバニを持ち、ユームチャーを伴ってナッヴァに運んでおく。その後ナナムイへ向かう〈写真⑩〉。

⑵ナナムイ
ナナムイに着いたらカギセイケツ（美しい清潔）から始め、手を洗い清めてニガイの準備に入る〈写真⑪⑫〉。カカランマが準備した御香は、ウフンマが十二ハウ（十二支の神）の御香炉に立てる〈写真⑬〉。

⑭ウムクトゥマサイ（知恵の勝り）を得る
ウサギブンを十二ハウに供え、タバクユーイ、ヤライ（盃を交わす）を終えたらウムクトゥマサイ（知恵の勝り）を得た感謝をナナムイの神に捧げる

⑮ナッヴァ（良き道を導く神）の聖地で祈る

ムズビューイウサギの巡拝ではナナムイの次に重要な拝所であるナッヴァ。草履を脱ぎ麦の収穫を感謝する。ナッヴァのナナソジャラは 38 枚

⑯ウジャキ（神酒）の盃を交わす

ナッヴァでも三拝、フツユン、頭を垂れて指先で 12 回床を叩き、その手を高く掲げる祈願儀式の後は、ウジャキ（神酒）を頂く。ナカムラとも盃を交わす

ナナムイのウフヤーに整え置かれた供え物の膳には、ンマダリを盛ったナナソジャラ（小皿）が五八枚。ウフンマはハナウサギブン（供え物の一部を取り整えた捧げ盆）を作り、十二ハウに供える。

長い祈願のあと、ウフヤーの祈願席でウジャキ（御酒）を崇め、ヤライ（盃を交わす）をし、ウムクトゥマサイ（知恵の勝り）を得た感謝をナナムイの神に捧げる〈写真⑭〉。

(3)ナッヴァとナカマニー

ムズビューイウサギの巡拝ではナナムイの次に重要な拝所はナッヴァだ。草履を脱ぎ麦の収穫を感謝する。タバクユーイから一連の願いを始める〈写真⑮〉。ナッヴァのナナソジャラ（小皿）は三八枚、ナカマニーが二八枚である。ナッヴァに供えたウフジャラの一皿のンマダリは、ウフユーとしてナッヴァの隣家であるターフンヤー（屋号）や、ナカマニーの隣家であるカンナーヤー（屋号）に届ける。お返しとしてウフユーを渡されたら、全員で分けて頂く。

⑰豊穣の神ナカマニー

ムイムイ（杜々）巡りの最後はナカマニーの神にモトムラ、ナカムラのウフンマが麦の神酒ンマダリのウヒツを捧げて感謝を唱える。長い願いも終わりに近づく

⑷豊穣に満たされる集落

ムイムイ（杜々）巡りの最後はナカマニー〈写真⑰〉。モトムラ、ナカムラのウフンマが神酒のンマダリのウヒツを捧げて、長い祈願は終わる。待機していたユームチャーたちは、それぞれのウフンマヤーに神酒の甕を運び込む。ンマダリをはじめ、集落の住民、商店、有力者から供えられた菓子や飲み物は、神様からの贈り物としてすべての人びとに分配され、集落は豊穣に満たされて終了する〈写真⑱〉。

⑱豊穣の酒甕を運ぶユームチャー

待機していたユームチャーは各自ムラのウフンマヤーに酒甕を運び込む。供え物は神様からの贈り物として関わったすべての人に分配され、豊穣に満たされて終了する

佐良浜の年間祭祀表（二〇〇七年度・旧暦）

佐良浜モトムラのツカサンマによる日取り帳を基本に追加調査により作成

番号	祭祀名	新暦	旧暦	干支	儀礼内容	3日ニガイ	夜籠り	供え物
1	ツイタチニガイとナナムイセイケツ	2月17日	12月30日	壬午	祖霊崇としての毎月の祈願）。選ばれた神役たちは初めてナナムイに入り、アニンマから教えを受ける。			
2	正月フツアキニガイ	2月18日	1月1日	癸未	旧正月の始まりを祈願			
3	テバサシニガイ（引継ぎの儀式）	2月18日	1月1日	癸未	アニたち（先輩）が新人ダツナウラ（新たに選ばれた神役）導手役目を引継ぐ儀式			
4	正月マワリ	2月18日～20日	1月1日～3日	癸未	両ムラ新旧12人の神役宅を回る。行程は四竹を鳴らし歌う。ンママツタニ、ハイヨノカナスなど			
5	16日ウフユーイ	3月5日	1月16日	戊戌	各家庭の協力を得て充実した1年を祈願			
6	マビトゥダミニガイ	3月7日	1月18日	庚子	佐良浜住民の1年間の健康と安全無難祈願	3日ニガイ		
7	カリユスダミニガイ	3月9日	1月20日	壬寅	航海安全祈願	3日ニガイ		
8	ウフユダミニガイ	3月12日	1月23日	乙巳	豊作祈願	3日ニガイ		
9	ツイタチニガイ	3月19日	2月1日	壬子	2月のツイタチニガイ			
10	ハマニガイ（ヒダガンニガイ）	3月22日	2月4日	乙卯	漁師たちの健康と安全航海祈願	3日ニガイ		豚1頭
11	イドニガイ	3月25日	2月7日	己午	水の恵みと水質向上祈願	3日ニガイ		

番号	祭祀名	新暦	旧暦	干支	儀礼内容	3日ニガイ	夜籠り	供え物
12	マビトゥダミヌカサンバン	3月28日	2月10日	辛酉	2度目の島民の健康祈願	3日ニガイ		
13	ムスヌヌンニガイ	4月1日	2月14日	乙丑	虫祓い、ネズミや害虫の駆除祈願			
14	シートゥガンニガイ	4月6日	2月19日	庚午	学童の健康祈願	3日ニガイ		
15	カリユスダミヌカサンバン	4月9日	2月22日	癸酉	2度目の航海安全祈願。カサンバンは重ねる	3日ニガイ		
16	スマカリュウニガイ	4月15日	2月28日	己卯	島の豊漁祈願			
17	ツイタチニガイ	4月17日	3月1日	辛巳	3月のツイタチニガイ			
18	カサヌバンニガイ	4月18日	3月2日	壬午	麻疹や風疹の発疹が少なく早い回復を祈願			
19	ウフユダミヌカサンバンニガイ	4月20日	3月4日	甲申	2度目の豊作祈願			
20	ツムスリニガイ（モトムラの現役ウフンマ）	4月26日	3月10日	庚寅	新神役の緊張を解き放ちツム（心）を開いて願いに集中できるように祈願する			
21	クライアガイニガイ（両ムラの先代ナカンマ）	4月26日	3月10日	庚寅	現役神役を卒業し、先代神役の地位に就く感謝儀礼	3日ニガイ		豚3頭
22	ツムスリニガイ（現役のモトムラのナカンマ、ナカムラのウフンマ）	5月4日	3月18日	戊戌	新神役へのツムスリ祈願儀礼			
23	クライアガイニガイ（先代のモトムラカカランマ）	5月6日	3月20日	庚子	神役を終了した感謝儀礼	3日ニガイ		豚3頭

24	泳ぎニガイ	5月8日	3月22日	壬寅	安全祈願			
25	ツムスリニガイ（両ムラの現役カカランマ）	5月14日	3月28日	戊申	新神役のツムスリ祈願儀礼			
26	クライアガイニガイ（ナカムラの先代カカランマ）	5月14日	3月28日	戊申	現役神役を卒業し、先代神役の地位に就いた感謝儀礼	3日ニガイ		豚3頭
27	ツイタチニガイ	5月16日	3月30日	庚戌	4月のツイタチニガイ			
28	サンバシニガイ	5月21日	4月5日	乙卯	安全航海祈願			
29	カズマニガイ	5月23日	4月7日	丁巳	長山カズマの神への航海安全祈願			
30	マミヌバンムツニガイ	5月25日	4月9日	己未	豆類の豊作を願う予祝			
31	タビカリュウニガイ	5月27日	4月11日	辛酉	豊漁祈願			
32	ムズビューイウサギ	6月4日	4月19日	己巳	麦の収穫感謝祈願	3日ニガイ	夜籠り	麦の神酒
33	ツイタチニガイ	6月15日	5月1日	庚辰	5月のツイタチニガイ			
34	キビニガイ	6月19日	5月5日	甲申	サトウキビの豊作祈願			
35	大漁ニガイ	6月20日	5月6日	乙酉	大漁祈願			
36	ハナヒツダミニガイ	6月25日	5月11日	庚寅	健康長寿願い			

番号	祭祀名	新暦	旧暦	干支	儀礼内	3日ニガイ	夜籠り	供え物
37	アワヌバンムツ	6月29日	5月15日	甲午	粟の初穂祭り、豊作祈願の予祝	3日ニガイ	夜籠り	
38	イモヌバンムツ	7月3日	5月19日	戊戌	芋の豊作を祈願する予祝	3日ニガイ		
39	ツイタチニガイ	7月14日	6月1日	己酉	6月のツイタチニガイ			
40	ウフユダミニガイ	7月20日	6月7日	乙卯	豊作を祈願			
41	アワヒキ（アワビューイウサギ用）	7月24日	6月11日	己未	アワビューイウサギのための粟の皮を剝きンマダリの準備			
42	アワビューイウサギ	8月3日	6月21日	己巳	粟の収穫感謝祈願	3日ニガイ	夜籠り	粟の神酒
43	ツイタチニガイ	8月12日	6月30日	戊寅	7月のツイタチニガイ			
44	ツイタチニガイ	9月11日	8月1日	戊申	8月のツイタチニガイ			
45	アマグイ	干ばつ時	干ばつ時	壬申	干ばつ時の最初にくる壬（みずのえ）で日取りを選ぶ			
46	アワヒキ（ウフンマニガイ用）	9月18日	8月8日	乙卯	ウフンマニガイ用の準備			
47	ウフンマニガイ	9月22日	8月12日	己未	現役ウフンマ神役への感謝祈願			粟の神酒
48	ウホバンホトツ	9月27日	8月17日	甲子	農作物の収穫感謝祈願のあと、その前のバンムツ（前願い）を解いてお礼する			
49	先代ウフンマのクライアガイニガイ	10月2日	8月22日	己巳	両ムラの先代ウフンマの卒業とクライアガイ祈願	3日ニガイ	夜籠り	豚3頭・粟神酒

50	ツイタチニガイ	10月10日	8月30日	丁丑	9月のツイタチニガイ			
51	ユークイ	10月17日	9月7日	甲申	豊穣を乞い願う祈願。夜籠りと拝所巡り	3日ニガイ	夜籠り	
52	ミャークヅツ	10月27日	9月17日	甲午	宮古節、税の完納祝い。4日間行われる男性が中心の祭祀			
53	ツイタチニガイ	11月9日	9月30日	丁未	10月のツイタチニガイ			
54	マキニガイ	11月16日	10月7日	丁巳	豊作祈願。モトムラはニカムラヒャーズ、ナカムラは牧山のマキへ行き願う	3日ニガイ		
55	イモビュイ	12月1日	10月22日	己巳	芋の収穫感謝祈願			
56	ツイタチニガイ	12月9日	10月30日	丁丑	11月のツイタチニガイ			
57	ダツナウラのガンジュウニガイ	12月27日	11月8日	辛卯	現神役たちの健康ニガイ			
58	ハマニガイ（ヒダガンニガイ）	2008年1月4日	11月25日	壬寅	2度目の大漁祈願。加護の感謝祈願	3日ニガイ		豚1頭
59	トマイニガイ	2008年1月4日	11月26日	癸卯	大漁祈願			
60	カエルニガイ	2008年1月14日	12月7日	癸丑	集落から悪霊、疫病を祓う祈願			豚1頭
61	イドニガイ	2008年1月20日	12月13日	己未	年末の水の神への感謝儀礼	3日ニガイ		
62	ンマユイ	2008年1月20日	12月13日	乙未	神役選びの神くじ			

〈注〉

1『伊良部村史』伊良部村役場、一九七八年、五一〇頁。

2 二〇二二年一二月末の佐良浜（字池間添・字前里添）の人口と世帯数（宮古島市生活環境部市民課）

3『宮古島市neo歴史文化ロード綏道（伊良部島コース）』宮古島市教育委員会、二〇一七年。

4 前掲『伊良部村史』一四〇二頁。

5『平良市史』（第九巻　資料編7（御嶽編）平良市教育委員会、一九四四年、五九〇頁。

6『宮古島在番記』前掲『平良市史第三巻資料編1前近代』一二五頁。

7 仲間明典「第一部　宮古の神歌　歌詞・演目解説」『華風』国立劇場おきなわステージガイド）二〇一四年一一月号、公益財団法人国立劇場おきなわ運営財団、一八頁。

8 前泊徳正『池間島の民謡』HOST・M企画、一九八二年、一七六頁。および前泊徳正「池間島のミャークヅツとアーグ」『池間島のミャークヅツ』（沖縄県選択無形民俗文化財記録作成）、池間島民謡保存会、一九八一年、六三〜六四頁。

9 前掲仲間明典『華風』18〜19頁。

10 谷川健一基調講演「神に追われて」報告書『宮古島の神と森を考える会』（第19回講演とシンポジウム）二〇一二年、三〜四頁。

第5章
祭祀の継承に向けて

佐良浜のカカランマ経験者の長崎国枝さんは各家庭の神願い
を依頼される神役のひとり（2020 年 3 月）

一、池間島の現状と継承への課題

御嶽の神と介護施設の誕生

池間はかつて島外へ出るにはすべて海上交通に頼っていた。「イケマ」の地名は、東恩納寛惇によれば「イケハナレ」の命名で、「いきはての島」の意であるという。[1]その島に、全長一四二五キロメートルの「池間大橋」が開通したのは、一九九二年二月のことであった。宮古島市域の一部地区として島ちゃび（離島苦）からは解放されたが、その様相はすっかり変わった。

夢のかけ橋として、交通事情の改善、産業の振興、教育環境の向上、医療事情の改善、生活環境施設整備の促進が期待された池間大橋だったが、逆に人口流出に拍車をかけ、医師の常駐はなくなり、巡回診療もなくなった。高齢化率四六・六％[2]の限界集落寸前まで追い込まれた島の行き先はどうなるのか。立ち上がったのは池間出身の女性たちだった。ＮＰＯ法人いけま福祉センターを基盤として、小規模多機能型居宅介護事業所「きゅーぬふから舎」（嬉しいね、幸せだねという意味）を開所し、地域住民の交流を促進する島おこし事業など多彩な活動を実践する島として、県内外から注目されるようになった。

事業を起こし運営に当たっているのは、池間島で一九五二年に生まれた同級生、六人の女性たちである。一五歳で高校入学のために島を離れ、卒業後も島には就職先がないので帰省することなく、宮古島（平良）で家庭を築いた。そして同級生たちは四〇代を迎え、子どもたちも成長した。池間大橋の開通によってふるさとへ出かける機会が多くなり、気づいたことは島が想像以上に衰退し、年寄りの一人暮らしと老々介護が増えていることだった。

高校卒業以来続けてきた六人の模合[3]の席は、池間の情報交換の場となった。「どこのおばあは介護施設に入れられたってよ。そうよ、あのおじいも遺骨になって島に戻ってきたって」。つまり病院や介護施設のない島では島外の施設に入る以外ないのであり、島を出ることは死を意味していたのだ。

二〇〇五年、同級生グループは島全体の意向確認のために、六〇歳以上の全島民四〇五人を対象に、アンケート調査を行った。その結果、「介護が必要になっても池間島で過ごしたい」という希望が八五％に達した。つまり池間島に介護施設が必要だということだ。

時代の流れも後押しした。二〇〇六年四月の介護保険制度改正により小規模多機能型居宅介護が創設され、地域密着型サービスとして位置づけられた。これは市町村が指定権限を所有し、国が定める基準の範囲内で、地域の実情に応じた指定基準と報酬設定ができるというものだった。この法的好機を逃すことなく、同級生グループ六人は、宮古島市の介護保険計画の中に、池間の小規模多機能型デイサービスを盛り込んでほしいと、市役所に日参した。同年、承認を受け、島唯一の介護事業所として小規模多機能型居宅介護事業所「きゅーぬふから舎」の開所にこぎつけたのだ。理事長は前泊博美、副理事長が儀間利律子、理事の喜久川智穂子、砂川ミサ子、仲間朝美、砂川修代の六人である。[4]

とはいえ運営面では苦難の出発だった。ＮＰＯ（特定非営利活動）法人は、銀行の融資は受けられず、自己資金を補填しながらの赤字続きは三年間続いた。自分たちの給与どころか、持ち出しと借り先の工面でしのぐ以外なかった。そんな時、博美理事長は夢をみた。オハルズの神が「あと三年頑張れば軌道に乗る」とエールを送ってくれたのだという。仲間たちも、その話を聞いて納得した。

「オハルズ御嶽と島の人びとは、昔も今も強い絆で結ばれています。池間は島全体が家族なんです。私たちも島のおじい、おばあに見守られて、育ってきました」

思いを共有した介護事業所は、常に定員二五人が利用している。その高齢者たちが築いてきた島の民俗行事や歌謡、野草や樹木の知恵などを次世代に引き継いでいくことこそ島の未来につながると「いけまシマ学校」の活動もお年寄りの生きがいにつながっている。歌詞帳を作って学んだ子どもたちは、池間の古いアーグ（歌謡）を、集いの場などで披露できるようになったという。

祭祀再開への悲願

漁業を経済的主軸として、島の共同体を支える精神的支柱は、絶え間なく行われてきた御嶽祭祀である。それを司るのがツカサンマと呼ばれる女性神役であった。

しかし、大橋による交通環境の改善によって池間の女性たちは介護の仕事などを主流に島外へ働きに出るようになり、ツカサンマのなり手がいなくなった。

　現代化の潮流の中で、宮古島全域で祭祀の担い手であるツカサンマの不在が続いている。五人そろってのツカサンマは二〇〇九年から二〇一一年までの三年間までだった。

　二〇一五年は二人、二〇一六年は一人、その後は空白の時代が続いたが二〇二一年末、六年ぶりにツカサンマが誕生し、地元各紙をにぎわせた。神役五人のうちの三役（フズカサンマ、アーグシャー、ナカンマ）ではあるが、二二年の旧正月一日、ナナムイで新旧ツカサンマによる引き継ぎ願いと正月願いが執り行われた。新人ツカサンマたちは、先輩神役から教えを受けながら祭祀継承の模索をはじめている。

　二〇二二年三月、何度か電話で今回の経緯を取材してきた池間自治会の仲間広二会長と、フズカサンマに選ばれた久貝理江さん（一九八〇年生まれ）にお会いし話を聞いた。理江さんは、宮古島市平良久松出身で八人きょうだい、一七年前に母の出身地である池間島に移り住み、「自治会のアンケート調査の内容で、これなら働きながらやれると感じた。誰もなり手がないなら、やってみようと思っただけです」と明るいが、仲間自治会長は、やや深刻な面持ちだ。

　仲間さんは、宮古水産高校を卒業後、東京で生きていくつもりで、苦労しながら仕事を確立させてきた。しかし郷里池間島の変貌はもはや手をこまねいている状況ではなかった。島の祭祀を復活させたい。仲間さんはすべてを投げうって七年前、郷里に戻ってきた。すぐに観光協会のブログを立ち上げ、積極的にガイドの仕事にも関わった。そして二〇二〇年に自治会長に就任。

　年間五〇に近い祭祀と、準備とユーグムイ（夜籠り）も含めれば年間一〇〇日近い日数に縛られる神役は、仕事を持つ現在の女性たちには、どう考えても実現不可能だ。時代の変化に合わせながら変えられるところは変えることから始めるべきではないか。もう居ても立ってもいられなかった。

　仲間さんは自治会長になると同時に、伝統を守りつつ、時代の流れに沿った選出方法はないものか。従来のきまりの五一〜五五歳の対象者に、意思確認のアンケート調査を行ってみた。結果はゼロ。そこで四〇〜六〇代に拡大して募ってみた。すると若い久貝さんら三人が名乗り出た。しかしツカサは神から選ばれなくてはならない。

自治会役員会の提案で、くじに白紙を混ぜることになった。自薦の三人にも「神様が白票を選ばれれば、落選の可能性はある」と伝え、「ンマユイ」にのぞんだ。その結果、盆から落ちた紙つぶては三人の名前だった。七回落ちた順からフズカサンマ（久貝理江さん）アーグシャー（新崎あや子さん）、ナカンマ（真栄里春美さん）に決まった。長年の念願がかなった瞬間だった。

池間自治会では、「御嶽管理委員会」を立ち上げ、まずはできるところからと、ユーグムイ（世籠り）は中止し、年間の祭祀を一〇行事とした。マビトゥダミニガイ、ウフユダミニガイ、ヒダガンニガイ、ウカディダミニガイ、シートゥガンニガイ、ユークイ、ミャークヅツ、スマウサラ、オワリヌマビトゥダミニガイ、カーヌカンニガイだ。

「今後どうすれば無理のない形で継続できるか。いまも手探り状態であることは事実です」と、仲間自治会長は現状を語る。

漁業に欠かせない神願い

長年島を支えてきたカツオ漁は、海外からの安い輸入品の流人と燃料費の高騰で採算が取れなくなり、二〇〇〇年代に入ると衰退の一途をたどった。池間島は明治期からカツオ漁で栄えた島だった。一九〇九年に「鰹組」が組織され、帆船による操業を始めたカツオ漁業は、[5]一九五〇年から六〇年代には、一四隻ものカツオ船が操業し隆盛を誇っていた。

カツオ漁に必要な活餌の捕獲方法も池間は他地域とは異なっていた。一般に県内のカツオ漁業は、活餌を捕獲する「餌捕り漁民」と「カツオ釣り漁民」は分離した漁業経営体だが、池間の場合は一体化されていた。

つまりカツオ釣り漁師がみずから海に飛び込み餌をとる。追込漁によって宮古海域に多く生息しているウフミー（テンジクダイ稚魚）やサネラー（グルクン稚魚）などのカツオ餌料魚[6]を捕獲し、漁場へ向かうという得意技であった。池間では八重干瀬で獲れるバカジャク（キビナゴ）がおもに使われた。池間は第一次世界大戦の好況の波にのって、他村を圧する生産高を上げた。一九二一年度でみると、池間の組合船である宝山丸が県下上位の漁獲高を記録していた。[7]

捕獲した鮮魚をカツオ節という付加価値の高い商品に加工する技術が加えられたことこそが、島の経済の根幹をなし得た要因であり、それを支えたのが女たちの加工労働であった。当時は冷凍設備もなく、捕ったカツオはその日のうちに処理しなければ腐敗してしまう時代であった。大漁続きの最盛期には、タイマツの明かりのもとで二週間も徹夜作業が続いたというカツオの島だった。

安価なカツオ節の流入、近海を回遊するカツオの減少、燃料費の高騰などで採算が取れなくなる。カツオ加工工場の一つ「マル満」の経営者、川満安生さん（一九三五年生まれ）は、多くのカツオ船が撤退した後も、最後まで船と工場を切り盛りしてきたが、池間のカツオ創業一〇〇周年を迎えた二〇〇六年、船と加工工場を閉じた。川満さんによると、船を購入し工場を建設したのは一九六五年。豊漁の年の操業期（五月から一〇月）には、一〇〇トンを水揚げし、カツオ節二〇トンを県漁連に出荷していた。上級品のカツオ節は、一キロ当たり三〇〇円で取り引きされ、高い収益があった。価格の下落後もカツオ節から観光土産用の「味付けなまり節」に切り替え対策を練ったが、人気も一時的で廃業に追い込まれたという。

二〇一七年、二〇数年ぶりに再会した川満さんは八三歳を迎え、妻のトヨさんと静かな余生を送っていた。そしてカツオ船の安全と大漁を祈る一四種に及ぶ神願いをした時代を懐かしんだ。

①ハズミニガイ（カツオ漁操業開始前の総合的な願い）
②マビトゥニガイ（組合員の健康願い）
③シンドゥニガイ（船長のための願い）
④ウヤカタニガイ（船主のための願い）
⑤ウフユダミニガイ（豊漁を祈る願い）
⑥ウヤカタ・ウフユダミ・ニガイ（船主がもうけるようにとの願い）
⑦カリウスダミニガイ（海上の安全を祈る願い）
⑧ボースンダミニガイ（水夫長のための願い
⑨キカンシャニガイ（機関士のための願い）
⑩カイケイニガイ（カツオ船の出納を担う会計係のための願い）、
⑪ミガニ・ミッビイヌ・ニガイ（望遠鏡で魚群を探し当て

る人のための願い

⑫キカイダミニガイ（エンジンが故障せずに潤沢に操業できるようにとの願い）

⑬リュゥキュゥニガイ（竜宮の神のためお願い）

⑭オワリニガイ（漁期終了の祈願）である。[8]

「この願いはカツオ漁業の発展過程で行われるようになったんです。船長（シンドウ）、船主（ウヤカタ）、水夫（ボースン）、機関士（キカンシャ）、会計（カイケイ）と、船で働く者の安全を願い豊漁を祈願する。操業する者もカツオ節加工する者にとっても大切な願いであり、一度も欠かしたことはありませんでした」と語る。池間島の労働と信仰が一体化して形成された神願いであった。

その後の島の漁業は一本釣りが中心となった（第3章四八頁参照）。

カツオ漁が栄えていた一九八〇年の国勢調査では、人口一二三五、世帯数四〇五、水産業二〇一六であったことからも漁業の衰退は明らかである。

外国船によるサンゴ乱獲という新たな課題

カツオ漁が衰退したばかりでなく、池間の漁民には新たな苦難が加わった。二〇一一年頃からサンゴ取得を目的とした中国漁船が押し寄せるようになったのである。

宮古島の東側の海域には、豊かな漁場が広がっていた。宝石サンゴ生育地はマダイの産卵場所で、一本釣り漁船が多く集まる好漁場だった。宮古島から東へ四五マイル離れて、沖縄本島との間に、三つのソネ（漁場）がある。宝山曽根《ほうざんそね》、重宝曽根《じゅうほうそね》、金剛曽根《こんこうそね》である。これは池間の漁民が発見した宝石サンゴの生育地であり、アカマチ（ハマダイ）、シチューマチ（アオダイ）などのマチ類が生息する豊富な漁場が被害を受けている。

一九九七年一一月一一日、中国との漁業協定が日本政府と中国政府の間で締結されたことによるものである。

「この日中漁業協定は、宮古島東平安名崎灯台から糸満市喜屋武岬灯台を直線に結んだラインから西側（領海一二海里を除く）を東シナ海とし、中国が自由に漁業活動できる内容になっている。また漁業取り締まりも、自国の漁船を取り締まるとなっていることから、サンゴ漁業の許可制度がない中国漁船は密漁にあたるが、中国の漁業取締船は密漁サンゴ船を取締まらないのが現状である。沖縄県の漁業者に何の話し合いもなく結ばれた日中漁業協定はすぐにでも破棄しなければならない」と、長嶺巌池間漁協組合長（当時）は指摘した。[9]

つまり中国が領有権を主張している尖閣諸島北方に関しては「暫定措置水域」の設置で妥協されている。そのため日中漁業協定は「暫定措置水域」内では、いずれの国の漁船も相手国の許可を得ることなく操業することができ、各国は自国の漁船についてのみ取締権限を有するとされている。締約国に対しては立法管轄権の行使をひかえる規定となっている以上、取り締まりは不可能だ。

しかし同水域において相手国漁船の違反を発見した場合は、その漁船・漁民の注意を喚起すると共に、相手国に対して通報することができる。

いま沖縄の漁民は外国漁船との漁場競合の激化と水産資源の悪化に直面している。このような環境の変化に対応するため、「公益財団法人沖縄漁業基金事業」により漁業者の被害救済と漁場の回復を目的とする事業が実施された。[10]

「外国漁船操業等調査・監視に対する助成事業」（二〇一四年策定、最終改正二〇二二年）の経費助成金は、一ヵ月につき一一二時間までを上限とし、賃金は一日当たり二万五二〇〇円／日（日当二万二〇〇円、保険三八〇〇円、食費一二〇〇円）。用船料は、一五トン未満は四万二〇〇〇円／日、一五トン以上三〇トン以下は五万四〇〇〇円／日、七六トン以上まで規定されている（二〇二二年）。

池間漁業協同組合からも二〇二二年現在、一七隻が、出没する中国船の調査監視事業に参加している（池間漁業協同組合調べ）。

現在、池間の漁業は時代に合った独自性のある経営体をめざしている。伝統漁法である石巻落としなど、価値の向上化が推進され、漁獲物は漁師個人のブランド名を記したタグが付けられ市場に出される。そしてツカサ不在の時代も、漁協の主催で屠殺した豚を竜宮の神に捧げ海の神に加護を乞う「ヒダガンニガイ」（浜の神への願い）は漁協主導で継続されてきた。危険な海で働くインシャ（海人）たちにとって欠かすことのできない祭祀なのだ。

二、佐良浜の現状と継承への課題

人頭税に由来する粟の祭祀

アービューイウサギ（粟の収穫感謝祈願）

　粟は反布と共に人頭税（頭懸・定額人頭配賦税）の貢租品であった（一章参照）。人びとは税を納めるために粟を栽培し、その収穫への懇願は、アービューイウサギという祭祀として現代に継承されていると考えられている。同じ穀物の願いでも、ムズビューイは両ムラのウフンマヤーで夜籠りするが（四章二節参照）、アービューイウサギは両ムラとも元番所跡のズンミジャーで夜籠りすることからも、人頭税との関連は推察できる。

　現代は祭祀用（個人も自宅のマウカンに供える）に粟を栽培しているので、神願いが近づくと両ムラのカカランマとナカンマは島中のヤーキ（家庭）をまわって注文し、購入しておくことが重要な前準備であった。[11] その量はンマダリ（粟の神酒）と供え物に二斗二升の粟を必要とした。

　ムズビューイウサギと同様に、現代ではミキサーを使用するものの、臼を据えて祈願するウスビシニガイ（臼置き願い）と甕を据え置き祈願するカミビシニガイ（甕置き願い）の工程を省くことはなかった。ウフンマ用、カカランマ用、ナカンマ用合わせて大小一五個の甕が準備された。

　二〇〇四年に、佐良浜の人びとによって作られていた粟の作付農地は四九か所に及び、そのほか二〇か所以上の空き地や屋敷の庭先で家庭菜園のような形で栽培され、その面積は一アール未満であったという。[12] そして二〇一二年度を最後にツカサンマ不在となり、祭祀が行われない状況が続いている。

粟の栽培を続ける元ツカサンマたち

　カカランマ経験者の長崎国枝さんや、国枝さんの先輩アニンマである與儀千代美さんは、祭祀に用いるアワ栽培を親の代から引き継いで行っており、ツカサンマの役が終わった現在でも栽培を続けている。収穫した粟は、アービューイ当時と同じようにンマダリを作り、個人的に神願いを執り行っている。「種を途絶えさせたら、祭祀が復活してもンマダリを作れませんからね」と国枝さんの信念は固い。ともにツカサンマを務めた先輩後輩は力を合わせて種子の保存に力を入れている。

他方、「アワの利用や栽培技術の継承が行われていないことで、雑穀栽培は絶滅の危機にさらされているのが現状」と警鐘を鳴らしているのが若き研究者、玉木陸斗さん(東京農業大学大学院農学研究科)である。

宮古・八重山諸島、熊本県などで現地調査を行ってきた玉木さんは、佐良浜の神役経験者による粟栽培の情報を得る。千代美さんと国枝さんを訪ね聞き取り調査を始めたのが二〇一九年六月だった。玉木さんは二人から種子を分けてもらい、神奈川の借地している農地に播いて、形態的特徴などのデータを収集した。この時に収穫した種子は佐良浜に里帰りさせたという。玉木さんの聞き取りによる国枝さんたちの栽培方法は以下のとおりである。[13]

鳥たちに荒らされないように、旧暦九月下旬ごろから一〇月のはじめ、鳥が見ていない時に散播する。間引きは、本葉が三から四枚程度展開した時に、二、三回行い、株間は一〇～一五cm程度にする。間引きと同時に、除草も行う。収穫は旧暦三月から四月。止葉を残して、ハサミや鎌で刈り取り、軒先で乾燥後、手で揉みほぐし脱穀をする。

また、来季に栽培する種子は精白する前のアワを分けて保存しておく。供え物に用いるアワ穂は、穂長三〇cm程度で、子実が充実している円錐型のアワを使用した。

ツカサンマの品位と神歌を称賛

民俗学者、谷川健一(一九二一—二〇一三)が一九九四年に立ち上げた『宮古島の神と森を考える』の第一六回講演とシンポジウムのテーマ「佐良浜の神・人・自然」(二〇〇九年)で基調報告をしている。[14]

「私は宮古は大好きな島なんですが、その宮古の中でも佐良浜が大好きなんです。(中略)佐良浜で行われた『宮古島の神と森を考える』のシンポジウムで、佐良浜のツカサの方々とお目にかかりまして、親しく話をしたんですが、佐良浜のツカサの方々は品がいいですね、これには驚きました。いったいこの品位の良さは、どこからきたのか、というのが私は長い間の謎でありました」。

さらに谷川は、二〇〇九年七月に、東京の草月ホールで、佐良浜のツカサたちが歌った神歌に感動。「言葉はぜんぜんわかりませんが」聞き惚れる。そして後日、朝日新聞に劇評がでる。「異様に魂を揺さぶるような感銘をうけた」そんな朝日新聞の激賞を読んで「自分が思ったとおりだなあと感じました」と語っている。

谷川が絶賛する佐良浜の神歌とツカサたちの品位に関する思いは、この書に登場する池間を含めたすべてのツカサンマたちに共通するものである。佐良浜の元カカランマの長崎国枝さんは、前述のとおり、現神役の呼称「ダツナウラ」（抱きみのらせる人）を「ナナムイを抱くンマたち」と迷うことなく即答した。抱かれるのではなく、集落の御嶽の神から託された自らの任務を自覚しているのだ。「ンマユイ」という神クジによって選ばれ、神から与えられた使命を享受し、自らを律する精神から生まれる品位に他ならない。

しかしその佐良浜でも二〇一二年度を最後にツカサンマの存在は中断したままの状況である。

神歌を公開して伝統を伝える

谷川健一が感動し、朝日新聞の劇評が激賞したというのは、『宮古島の神歌と古謡』（二〇〇九年七月一八・一九—草月ホール。監修・久保田麻琴）である。[15] 二日にわたる公演で、伊良部の民謡、西原地区の古謡と神歌、多良間島の古謡、佐良浜の神歌と多彩な演目が組まれ、佐良浜のモトムラ、ナカムラのツカサンマたち濱川美代、長崎国枝、上原敏美、與儀千代美、仲間八重子、友利カメの六人が出演した。現役神役を卒業して数年の時期で、それぞれ抵抗がなかったわけではない。

「シマの聖地から外に持ち出して、舞台の上で披露するという前代未聞の歴史的公演」とされ、四時間にわたる濃密な内容は、これほどまでに豊かな世界があったのかと、観衆の心を震わせた。

祭祀が途絶え、継承が危ぶまれる島の文化を、衰弱させるのではなく、記録することで継いでいこうという主催者の想いは共感を呼んだ。ツカサンマたちにとっても学びの場となった

出演者のひとり、與儀千代美さんは、

「この公演を通して、神歌のありかた、継承問題を考えていかなければと思いました。私たち佐良浜地区のツカサンマも、神事の中で苦労して覚えてきた歌です。筆記用具もない時代の先輩たちは、アネたち（先輩神役）に付いて回って、口伝えで勉強したと聞かされています。そんな神様から託された伝統を、若い世代の人たちにも引き継いでいってもらいたいという強い願望は前々からありました。今まで隠されていたものを多くの人に聴いてもらえる機会を与えられたことは良かったと思っています」と当時の気持ちを語る。

長崎国枝さんも「東京で歌ったとき、島出身の若い人たちが一番前の席に座って、涙を流して聞いてくれました。これからのことを考えると、神歌を歌うことで、島の伝統や神願いの意味を伝えたいと思いました。私は神事を通して礼儀作法も学んだし、多くの神願いをこなすことで仕事の要領の良さも身に付きました。精神面でも楽になれるというか、豊かになります。決して苦しいことばかりではありません。一度途絶えた祭祀を復活させることは容易ではありません。みんなで考えなければいけないという思いが強くなりました」と述べる。

これを機に、音楽プロジューサー久保田麻琴さんの進言で、国枝さんたちは「ハーニーズ佐良浜」（方言で長女＝ハーニからのネーミング）を結成。二〇〇〇年代は多くの出演のを体験した。東京の紀尾井ホールでの「人頭税廃止一一〇周年」（二〇一二年七月）、法政大学薩埵ホール（二〇一〇年一二月）、韓国でも公演。韓国からも来日して、国立劇場おきなわで上演された珍島巫女儀礼（シッキムクッ）と、佐良浜の神歌の霊的世界の共通性が話題を呼んだ（二〇一四年一一月）。

ここ数年はコロナ禍で公演は途絶えているが、神願いのプロであるカカランマ経験者たちは今も忙しい。個人宅での神願いに駆り出されている。家族の健康願い、屋敷の願いなど各家々での神事は年間で七、八行事はある。国枝さんは畑仕事の合間を縫って、一日数件の依頼があるときは早朝四時からスケジュールを組む。二〇二〇年三月、私も同行させていただいたのが個人宅の健康願いであった（第5章扉写真）。

村落祭祀は途絶えても、家族愛や祖先への信仰心までは失わないのが、宮古の人の心というものだと、国枝さんは強調した。

〈注〉

1 東恩納寛惇「南島風土記」『東恩納寛惇全集七』第一書房、一九八〇年、七〇四頁。
2 二〇一六年一二月末現在、宮古島市高齢者支援課による。
3 沖縄各地で親しまれている相互扶助的金融の仕組み。親睦をかねたものから大規模なものまである。
4 経緯の詳細は拙書『海に生きる島に祈る―沖縄の祭祀・移民・戦争をたどる―』ボーダーインク、二〇二〇年、二五四～二六五頁。
5 稲村賢敷編集発行『宮古島庶民史』一九五七年、四七三頁。
6 藤森三郎『水産増殖面から見た琉球沿岸漁業振興方策』琉球政府経済局、一九六四年、三四～三六頁。
7 大正十年度「沖縄県立水産試験場事業報告」『沖縄県農林水産行政史』第十七巻。七三〇～七三六頁。
8 野口武徳『沖縄池間島民俗誌』未来社、一九七二年、二六七～二六八頁。
9 長嶺巌（池間漁協組合長・当時）、尖閣諸島海域の漁業に関する調査報告―沖縄県の漁業関者に対する聞き取り調査（二〇一四年）『尖閣研究』尖閣諸島文献資料編纂会、二四四頁。
10 沖縄県水産業の振興を図り、水産物の安定供給と漁業者の生活向上に努め、もって地域社会の健全な発展に寄与することを目的として設立された基金。
11 代々引き継がれたカカランマの神願いノート「アービューイウサギ」から。
12 加納章雄「宮古島・伊良部島におけるアワ栽培の存続と地域社会」『離島研究』海青社、二〇〇五年九月、一九〇頁。
13 玉木陸斗「宮古諸島における雑穀栽培の現状と将来展望」『雑穀研究』№３５（二〇二〇年）雑穀研究会、三三～三五頁。
14 『報告書　宮古島の神と森を考える』第一六回公演とシンポジウム、宮古島市前里添多目的共同利用施設。テーマ「佐良浜の神・人・自然」谷川健一会長あいさつ、一頁。
15 「宮古島の神歌と古謡」（二〇〇九年七月一八・一九―草月ホール。監修・久保田麻琴）

あとがき

私が民俗調査の機会を得て、池間島を初めて訪れたのは一九八五年八月末のことであった。池間大橋が開通した一九九二年以降も時折の訪問はあったが、その後は空白の歳月が続いた。二〇数年ぶりに、雑誌連載の機会を得て、「地域共同体と祭祀の再生」をテーマに、池間を再訪したのは二〇一七年五月である。

かつてのカツオ漁でにぎわった漁港や祭祀を撮りためた写真のファイルを抱えて、フズカサンマ経験者の山口ゆかりさん、アーグシャーの小禄有子さんに確認を重ねた。さらに一九八五年のユークイのすべてを取材させてくださったフズカサンマの新城サヨさん（一九三六—二〇一三）のもとでアーグシャーをつとめた山城マサヨさんとの再会も、より深い内容を重ねることができた。

貴重なタイミングを逃した存在もあった。本文にあるように、池間には神願いの「日取り」を選ぶ「ヒューイ・トゥイ・ウヤ」（日取りを取る親）と呼ばれる男性が存在した（第二章参照）。山口ゆかりさんの神役時代に、日取りの任務を担っていたのが、吉進丸の船長、伊良波進さん（一九三二—二〇二二）だったことを知る。カツオ船の船長としてのもう一つの顔があったことは当時知る由もなかった。もしや日取りに関して何か書き残されてはいないだろうかという願いはかなわなかったが、二〇二二年、伊良波さんの次男、朝人さんにつながった。

「父は昔の話や池間の方言のことをたくさん聞かせてくれました。録音しておけば貴重なデータになったのにと残念な思いです。父が方言等を記録していたノートは一〇〇冊以上ありましたが、ほとんど誰かが借りていき、戻ってきませんでした。残った七冊は私が保管し、退職後は何とか形にしていきたいという強い思いでおります。お役に立つようでしたらご利用ください」と書かれたメッセージが添えられて、貴重な方言ノートが届いた。段ボールの隙間にたくさんの沖縄菓子の袋が詰められ、「ウサガミソーレ！」（お召し上がり下さい）と書かれていた。伊良波船長の顔が二重写しになり、胸がいっぱいになった。

他方、佐良浜は私の努力不足で再訪の機会を逸してしまった。しかし、佐良浜の神様はそんな中途半端は許してはくれなかった。二〇二二年、法政大学沖縄文化研究所創立五〇周年記念の写真展というかたちで池間と佐良浜が取り上げられることになり、調査に取りかかることになる。

佐良浜在住の郷土史家、仲間明典さんを通して、カカランマ経験者の長崎国枝さんを紹介された。コロナ禍の折、長時間の電話と郵送による資料のやり取りが続き、二〇二三年三月一八日、佐良浜訪問がかなった。

国枝さんの先輩カカランマであった與儀千代美さんと、ナカムラの上原敏美さんが共に迎えて下さり、聞き取り、御嶽調査、神歌録音と濃密な数日を過ごすことができた。写真に登場するカカランマの具志堅英子さんとは、のちに体験を聞かせていただき幸いだった。ナカムラのツカサウヤ、西原豪さんのお手も煩わせた。佐良浜ではゲストハウスあやぐやー経営者の半場吉朗さんに、多方面にわたるご協力をいただいた。若き研究者、玉木陸斗さんとの出会いもあった。

池間島の詩人で郷土史家の伊良波盛男さん、池間漁協理事の勝連見治さん、池間自治会会長の仲間広二さん。そして沖縄の歴史に精通する糸満市教育委員会主任市史編集員の儀間淳一さんとフリーランスライターの市来哲雄さんには、いつものことながら急場を助けていただいた。

最後に写真展と叢書の機会を与えてくださった法政大学沖縄文化研究所の明田川融所長、重い録音録画機材を背負って共に宮古入りしてくださった大里知子専任所員、私の取材記録に過ぎないフィルムや紙焼きを写真展にまで作り上げてくださった中山寛子さんと綱川恵美さん。短期間にも関わらず叢書編集に力を尽くしてくださったボーダーインクの池宮紀子社長に深く感謝申し上げます。

著者略歴
加藤　久子（かとう・ひさこ）

1937年生まれ。法政大学沖縄文化研究所国内研究員
1998年から約10年、浦添市の小湾字誌編集委員会による『小湾字誌』（三部編）の編集・執筆に関わる。

写真集『よみがえる小湾集落』2003年。小湾戦後記録集『小湾議事録』2005年。本編『小湾字誌』（戦中・戦後編）2008年。

【著書】

『糸満アンマー　海人（うみんちゅ）の妻たちの労働と生活』（おきなわ文庫）ひるぎ社、1990年。『海の狩人 沖縄漁民－糸満ウミンチュの歴史と生活誌』現代書館、2012年（沖縄タイムス出版文化賞正賞受賞）。『海に生きる　島に祈る』ボーダーインク、2021年。

表紙・カバーデザイン　宜壽次美智
表紙写真（表）　池間のユークイ・フナスクでトゥーヌカン（唐の神）を遥拝（一九八五年）
表紙写真（裏）佐良浜のカーニガイ・頭に荷物を載せて農道を抜けていくダツナウラたち

ナナムイの神々を抱いて
－宮古・池間と佐良浜の祭祀－
〈叢書・沖縄を知る〉

2023年3月31日　初版第一刷発行
著　者　加藤　久子
発行者　池宮　紀子
発行所　ボーダーインク
〒902-0076　沖縄県那覇市与儀226-3
電話　098(835)2777　　fax　098(835)2840
https://www.borderink.com
印刷所　でいご印刷

ISBN978-4-89982-442-8